历代名家尺牍

廖可斌 主编

〔明〕袁宗道 袁中道 著
李秀伟 王如月 刘洋洋 编选

袁伯修尺牍

袁小修尺牍

浙江古籍出版社

图书在版编目（CIP）数据

袁伯修尺牍　袁小修尺牍／（明）袁宗道，（明）袁中道著；李秀伟，王如月，刘洋洋编选. -- 杭州：浙江古籍出版社，2024.6
（历代名家尺牍精粹／廖可斌主编）
ISBN 978-7-5540-2979-4

Ⅰ. ①袁… Ⅱ. ①袁… ②袁… ③李… ④王… ⑤刘… Ⅲ. ①袁宗道（1560-1600）—书信集②袁中道（1575-1630）—书信集　Ⅳ. ①K825.6

中国国家版本馆 CIP 数据核字(2024)第 102646 号

本书为国家古籍整理出版专项经费资助项目

袁伯修尺牍　袁小修尺牍

廖可斌　主编
〔明〕袁宗道　〔明〕袁中道　著　李秀伟　王如月　刘洋洋　编选

出版发行	浙江古籍出版社
	（杭州市环城北路 177 号　电话：0571-85068292）
网　　址	https://zjgj.zjcbcm.com
责任编辑	沈宗宇
责任校对	吴颖胤
封面设计	吴思璐
责任印务	楼浩凯
照　　排	杭州立飞图文制作有限公司
印　　刷	浙江海虹彩色印务有限公司
开　　本	880mm×1230mm　1/32
印　　张	8
字　　数	126 千字
版　　次	2024 年 6 月第 1 版
印　　次	2024 年 6 月第 1 次印刷
书　　号	ISBN 978-7-5540-2979-4
定　　价	40.00 元

如发现印装质量问题，影响阅读，请与本社市场营销部联系调换。

总　序

　　生活在今天的人们,特别是年纪较轻的人,已经很难想象写信对古代人的生活有多么重要。爱因斯坦曾说过,现代人与古人相比,只是在交通和通讯技术方面有所进步,在道德、情感、智慧等方面并没有优势。而恰恰是交通和通讯这两个方面的进步,极大地改变了人类的生活和交流方式。现代人相距万里可以朝发夕至,通过电报、电话、电子邮件、短信、微信等传递信息,更是天涯海角只在一瞬间。而古人如果居处相距遥远,往往只能望路兴叹;旅行只能靠双脚和车船骡马,相别动辄经年累月,传递信息的唯一渠道就是写信。无论是军政公文,还是家书友札,都决定着人们的命运,寄托着希望和忧愁,牵动着欢乐和痛苦,因此留下了"鱼雁传书""织锦回文""家书抵万金"等种种典故。打开一封封尘封的古人书信,不啻展开了一幅幅色彩斑斓的古代生活画卷,奏响起一支支幽咽婉转的动人心曲。

一

书信古称"书",起源应该很早。早在上古时期,当人们需要将有关信息告知远在他方的人,而又具备了书写工具(包括文字、刀笔、写字的板片材料等)的时候,最初的书信应该就诞生了。清代学者姚鼐认为,最早的书信,是《尚书·君奭》中记录的周公旦告召公奭的一段话。[1] 其实这还只是就现存文献而言,原始形态的书信出现应该更早。

但当时人们交往有限,书写条件也有限,交流往往通过直接见面交谈进行,书信还不普及。因此著名文学理论家刘勰认为,书信这种文体真正发达,是在春秋战国时期,"三代(夏商周)政暇,文翰颇疏。春秋聘繁,书介弥盛","及七国献书,诡丽辐辏"。这一时期,无论是诸侯国之间,还是贵族士大夫个人之间,交往更加频繁,书信遂被大量使用。刘勰列举《左传》中所载春秋年间秦国绕朝赠晋国士会以策、郑国子家致书晋国赵宣子、楚国巫臣奔晋后致书楚国重臣子重和子反、郑国

---

[1] 姚鼐:"书说类者,昔周公之告召公,有《君奭》之篇。"见姚鼐纂《古文辞类纂》,岳麓书社1988年版,"序"第2页。

子产致书晋国执政范宣子等，认为"详观四书，辞若对面"①，可视为书信的典范。而姚鼐《古文辞类纂》所录战国年间的《苏代遗燕昭王书》《鲁仲连遗燕将书》等，更是洋洋洒洒，辞气畅达。

至秦汉之际，书信更加普及，刘勰形容为"汉来笔札，辞气纷纭"②。李斯《谏逐客书》、邹阳《谏吴王书》、邹阳《狱中上梁王书》、枚乘《说吴王书》、司马迁《报任安书》、杨恽《报孙会宗书》、刘歆《移让太常博士书》等，就是其中出类拔萃的名篇。《后汉书》的《班固传》《蔡邕传》《孔融传》等，在记录传主身后留存于世的各种体裁的作品时，都列了"书"这一类，可见当时人已将书信视为一种重要文体。

但在秦汉之际，"书"这种文体的特征还比较模糊，内涵还比较笼统。人们几乎把所有由一个人写给另外的人的文章都称为"书"，并将"记"与"书"连称为"书记"。所谓"书记"文体的内涵就更庞杂了。刘勰说："夫

---

① 《文心雕龙·书记第二十五》，刘勰著、周振甫注《文心雕龙注释》，人民文学出版社1981年版，第277页。

书记广大，衣被事体，笔札杂名，古今多品。"① 他把"谱籍簿录、方术占式、律令法制、符契券疏、关刺解牒、状列辞谚"等，也都归入"书记"一类，认为是"书记所总"，说它们"或事本相通，而文意各异，或全任质素，或杂用文绮，随事立体，贵乎精要"②。

从两汉到魏晋南北朝，随着文学的发展，各种文体进一步分化独立，"书"体文也经历了两次重要的分化。一是士大夫与帝王之间的往来文章，和官府之间的往来书札，原来也都称为"书"。秦汉以后，为了加强君王的权威，立起了规矩，帝王写给臣民的文章，被称为"命、谕告、玺书、批答、诏、敕、册、制诰"等；士大夫写给皇帝的文章被称为"表奏"，它们就都从"书"中分化出去了。到了东汉时期，官府之间的往来书札，也有了单独的名称，被称为"奏记""奉笺"，也从"书"中分化出去了。刘勰云："战国以前，君臣同书，秦汉立仪，始有表奏；王公国内，亦称奏书"；

---

① 《文心雕龙·书记第二十五》，见刘勰著、周振甫注《文心雕龙注释》，人民文学出版社1981年版，第278页。
② 《文心雕龙·书记第二十五》，见刘勰著、周振甫注《文心雕龙注释》，人民文学出版社1981年版，第281页。

"迄至后汉,稍有名品,公府奏记,而郡将奉笺"。① 梁萧统编《文选》,就已将"诏、册"(卷三十五)、"令、教、策"(卷三十六)、"表"(卷三十七、三十八)、"上书"(卷三十九)、"弹事、笺、奏记"(卷四十)与"书"(卷四十一、四十二、四十三)分开了。总体而言,经过这一分化,属于公文的"书",即所谓"公牍",就基本上从"书"中独立出去了,"书"主要用来指相对个人化的书信。

但剩下来的"书"体文内容仍然非常复杂,可以论政,可以论学,也可以用于应酬,用于亲人、朋友之间相互问候,彼此之间差异仍然较大。两汉以后,随着纸张的发明使用,书写更为便利,亲人、朋友之间的日常联系越来越多地运用书信。这类书信一般篇幅短小,内容日常生活化,语言活泼轻松,与此前的公牍性书信,以及比较郑重、正式的论政、论学书信不同,成为书信的一个很重要的门类,后人称之为帖、

---

① 《文心雕龙·书记第二十五》,见刘勰著、周振甫注《文心雕龙注释》,人民文学出版社1981年版,第278页。明代吴讷《文章辨体序说》亦称:"昔臣僚敷奏,朋旧往复,皆总曰书。近世臣僚上言,名为表奏;惟朋旧之间,则曰书而已。"见吴讷、徐师曾《文章辨体序说 文体明辨序说》,人民文学出版社1998年版,第41页。

短笺等，有些近似于现在的便条、字条。① 著名书法家王羲之等就留下了大量这类帖、短笺。至此，在相对个人化的书信内部，比较郑重、正式的论政、论学类书信，与比较日常生活化的书信也相对区分开来了，后者就是后来人们所称的狭义的"尺牍"的前身。

"尺牍"之称，起于汉朝。当时朝廷的诏书都写在一尺一寸长的竹木板上，所以称"尺牍"或"尺一牍"，是包括朝廷诏书在内的所有书信的通称。当公文性的"书"被改称为"诏""敕""制"和"奏""疏""表"等而独立出去，个人化的"书"内部又发生分化之后，"尺牍"遂被专门用来指比较日常生活化的书信。它就由所有书信的通称变成比较日常生活化书信的专称。人们用丝帛、纸张写信，也比照"尺牍"的说法，称"尺素""尺缣""尺锦""尺纸"等。既然各种载体的书信都以"尺"称，所以书信又被称为"尺书""尺翰"。

从魏晋南北朝到唐宋，人们越来越多地写这种帖、短笺，即"尺牍"，但它们还不受重视。人们重视的还是那种比较郑重、正式的论政、论学"书"，认为这种"书"才比较有价值。王羲之的众多帖、短笺之所以

---

① 见钱锺书《管锥编》，中华书局1979年版，第三册，第1108页。

能流传下来，是因为他的书法为世人所重，这些书信是因书法而传。当时其他人应该也写了不少类似的东西，它们就没有这样幸运了。刘勰《文心雕龙·书记卷二十五》已两次提到"尺牍"（"祢衡代书，亲疏得宜：斯又尺牍之偏才也"[1]；"然才冠鸿笔，多疏尺牍"[2]），语气中显然对"尺牍"颇为轻视。唐宋间文人自编文集，或他人代编文集，如白居易《白氏文集》、欧阳修《居士集》、苏轼《东坡集》《东坡后集》等，都列有"书"类，但只收比较郑重、正式的"书"。

直到南宋年间，人们的观念才开始发生变化。据信编纂于南宋的《东坡外集》中，除有"书"二卷外，还有"小简"（即"尺牍"）十九卷。周必大等人所编《欧阳文忠公集》收"书简"十卷。这种将"书"与"尺牍"分开收录的编纂方式，此后被继承下来。如明代所编《东坡续集》十二卷中，除"书"一卷外，还有"书简"四卷。同样编于明代的《三苏全集·东坡集》八十四卷中，

---

[1] 刘勰著、周振甫注《文心雕龙注释》，人民文学出版社1981年版，第277页。
[2] 刘勰著、周振甫注《文心雕龙注释》，人民文学出版社1981年版，第281页。

除"书"二卷外,还有"尺牍"十二卷。这些"尺牍"都是原来被遗落的,这时才被搜集汇录在一起。这固然是因为欧阳修、苏轼人品高尚、文采出众,尺缣片楮,后世人皆乐于收集而宝藏之,亦因"尺牍"这种文体的价值终于得到认可。人们对"尺牍"的文体特征有了比较清晰的认识,因而将它与比较郑重、正式的论政、论学书信分别开来。狭义的"尺牍"作为一种文体,遂正式登上文坛。[1] 自此以后,比较郑重、正式的论政、论学"书",一般被视为"古文"之一体;而比较日常生活化、篇幅短小、文风活泼的"尺牍",则被归于"小品文"的范畴,两者并行不悖。

当然,无论是公文性书信与个人化书信之间,还是个人化书信中比较郑重、正式的论政、论学书信与比较日常生活化的"尺牍"之间,界限都不是绝对的。两汉以后,臣僚给皇帝的奏疏,也还有叫"书"的,如王安石著名的《上仁宗皇帝言事书》。有些比较日常生活化的书信,如曹植《与杨德祖书》、陶渊明《与子俨等疏》,内容也未尝不重要。但总体上说,这几类书

---

[1] 见(日)浅见洋二《文本的"公"与"私"——苏轼尺牍与文集编纂》,《文学遗产》2019年第5期。

信之间的分野是清楚的。

及至明清时期，随着社会生活和人们思想观念的变化，人们的文学观念总体上越来越世俗化，即越来越注重反映普通人日常生活的文体，尺牍遂越来越受青睐。人们在编选文集时，往往将"尺牍"与"书"等量齐观，将之统一编入"书"中，甚至将"尺牍"单行。如明代文学家陆深的文集中，"书"类就兼收比较郑重、正式的论政、论学"书"，和包括家书在内的"尺牍"。后来因为他的"尺牍"很受欢迎，人们又将他的"尺牍"另编为《俨山尺牍》行世。冯梦祯《快雪堂集》六十四卷本收录"尺牍"十三卷，他又将尺牍部分单独刊刻为《快雪堂尺牍》。晚明其他著名文人如屠隆、汤显祖、王思任等，均有尺牍单独刊行。晚明至清初，更出现了选编出版历代名人尺牍总集的风潮，现在可以考知的不下两百种，其中影响较大的有杨慎《赤牍清裁》、王世贞《尺牍清裁》、屠隆《国朝七名公尺牍》、顾起元《盛明七子尺牍》、凌迪知《国朝名公翰藻》、李渔《尺牍初征》、周亮工《尺牍新钞》、汪淇等《尺牍新语》、陈枚《写心集》《写心二集》等。

二

尺牍历来是比较受欢迎的读物，堪称读者的宠儿，用鲁迅先生的话来说："日记或书信，是向来有些读者的。"[1] 人们为什么对尺牍感兴趣？古代尺牍对当代人还有何价值？我想它至少具有如下四个方面的意义：

一是可以帮助我们更准确深入地认识历史的真相。中国素来有重视历史的传统，记载古代历史的文献可谓汗牛充栋。但大部分正经正史记录的都是重大历史事件，描写的都是风云人物在朝堂、疆场上的壮举，属于宏大叙事，固然气势恢宏，但较少触及这些人物的日常生活图景，包括他们与家人、亲友、同僚等之间盘根错节的微妙关系，以及他们复杂幽微的内心活动。而他们所写的书信，则与各种笔记、野史等一起，展现了历史的另外一面。如果说正经正史反映的是这些人物带着面具的表演，那么书信等则在一定程度上反映了他们摘下面具后的真相。如果说前者展现的是台前的景象，那么后者则揭示了幕后的种种细节。看

---

[1] 鲁迅《孔另境编〈当代文人尺牍钞〉序》，见《鲁迅全集》（六）《且介亭杂文二集》，人民文学出版社1961年版，第330页。

历史,既要把握大局,也要深入细节;既要看到正面,也要看到反面。只有将这些不同的面相拼接在一起,才庶几接近历史的真面目。如我们可以称明代著名文学家汤显祖秉性刚正,不畏权贵,从遂昌知县任上自行辞职归家。但看到他当时与好友刘应秋等人的往来信函,就知道当时朝中人际关系多么复杂,汤显祖为争取出路曾做了多么不懈的努力。又如看到明代文学家王樵给子侄的书信,说到其子王肯堂中进士时,亲友们如何不屑一顾,当得知王肯堂中选翰林院庶吉士后,他们如何马上换了一副嘴脸,由此我们就可以知道当时人对进士、翰林院庶吉士的真实看法,以及当时社会所谓亲友之间关系的真相。从曾国藩写给其弟曾国荃等人的书信中,我们可以得知湘军内部、湘军与淮军之间、湘军淮军与清廷之间,是如何的矛盾重重。而从太平天国忠王李秀成写给英国传教士艾约瑟、杨笃信的书信中,我们又可以看到打着基督教旗号的太平天国与清朝、西方势力三者之间的微妙关系。从书信中获取的这些零碎而生动的细节,可以大大丰富我们对历史真相的认知,让我们对历史的印象由粗线条的轮廓变为鲜活的图景。

二是可以让我们感受古人的心灵世界，让我们加深对人性、人生、人世的理解。历史的车轮不停转动，社会生活嬗变不息，人们的思想观念也在不断变化，但人总还是具有灵性的血肉之躯，总还是要经历生老病死，难免种种喜怒哀乐、爱恨情仇。人类心灵深处的这些东西，千百年来变化其实非常有限。我们阅读古代优秀的文学作品，可以感受到古人的忧乐，与他们展开心灵的对话。在这个过程中，他们的面容神情清晰真切地浮现在我们眼前，让我们真觉得古今人相去不远。相对来说，在各种文体里，书信和日记是较能真实反映人们的内心世界的。周作人曾指出：

日记与尺牍是文学中特别有趣味的东西，因为比别的文章更鲜明的表出作者的个性。诗文小说戏曲都是做给第三者看的，所以艺术虽然更加精炼，也就多有一点做作的痕迹。信札只是写给第二个人，日记则给自己看的（写了日记预备将来石印出书的算作例外），自然是更真实更天然的了。我自己作文觉得都有点做作，因此反动地喜看别人的日记尺牍，感到很多愉快。我不能写日记，更不善写信，自己的真相仿佛在心中隐约觉到，但要写他下来,即使想定是私密的文字,总不免还有做作——这并非故意如此,实在是修养不足的缘故,然而因此也愈觉得别人的日记尺牍之佳妙,可喜亦可贵了。①

有趣的是,鲁迅先生也讨论了书信与其他文体之不同:

作者本来也掩不住自己,无论写的是什么,这个人总还是这个人,不过加了些藻饰,有了些排场,仿佛穿上了制服。写信固然比较的随便,然而做作惯了的,仍不免带些惯性,别人以为他这回是赤条条的上场了罢,他其实还是穿着肉色紧身小衫裤,甚至于用了平常决不应用的奶罩。话虽如此,比起峨冠博带的时候来,这一回可究竟较近于真实。所以从作家的日记或尺牍上,往往能得到比看他的作品更其明晰的意见,也就是他自己的简洁的注释。不过也不能十分当真。有些作者,是连账簿也用心机的,叔本华记账就用梵文,不愿意别人明白。②

---

① 《日记与尺牍》,见周作人《雨天的书》,岳麓书社1987年版,第11页。
② 鲁迅《孔另境编〈当代文人尺牍钞〉序》,见《鲁迅全集》(六)《且介亭杂文二集》,人民文学出版社1961年版,第330—331页。

相比较而言，鲁迅先生更冷静清醒。在短短的一段话中，开头和结尾处两次强调，即使是写书信这类东西，作者也往往免不了"做作"和"用心机"，因此读者"也不能十分当真"。我们应该对此抱有充分的警觉。古代有些人写信给某人谈某事，本来就是准备公之于世的，相当于写公开信，这种文章就和一般文章没有多少差别，只是运用了书信这样一种文体形式而已。有些比较有名的人物，即使是写给朋友和家人的书信，或为名，或为利，或为了名利双收，也是早就打算日后要结集出版的，写的时候不免就有诸多顾忌和矫饰。有些信件收入文集或尺牍集时，还会做许多加工，加上一些漂亮话，尤其是删掉某些敏感内容，这些书信的真实性就要大打折扣了。

但鲁迅先生毕竟也肯定，书信的内容"究竟较近于真实"；通过书信，可以"从不注意处，看出这人——社会的一分子的真实"。[1] 凡是书信，都是写给特定的人看的，如果太不真实，完全是套话假话，那就相当于当面撒谎，不会有任何好效果。何况大部分书信，

---

[1] 鲁迅《孔另境编〈当代文人尺牍钞〉序》，见《鲁迅全集》（六）《且介亭杂文二集》，人民文学出版社1961年版，第330页。

特别是尺牍，一般都是写给亲人，或比较熟悉的朋友，作者的心态往往比较放松。有些在公开场合不能说的真实感受和想法，可以向亲人和朋友一吐为快。说过之后，写信人往往还不忘记嘱咐收信人，所言不足为外人道，甚或要求看后即销毁。如苏轼《答李端叔（之仪）书》云："自得罪后，不敢作文字。此书虽非文，然信笔书意，不觉累幅，亦不须示人，必喻此意。"[1] 看看苏轼给亲友的诸多书信，我们就知道，在旷达洒脱的外表下面，一代天才心中又有多少悲苦与无奈。著名书画家赵孟頫的妻子管道昇，回娘家后给丈夫写信，叮嘱种种家务事，让他赶快寄柿子，说是丈人要吃，不仅书法清丽潇洒，而且语气亲切有趣，传递出这一对艺术家夫妇相知相惜的温情。至于明末清初抗清志士夏完淳的《狱中上母书》、辛亥革命先烈林觉民的《与妻书》，写信人临难之际，对至亲至爱的人敞开自己的心扉，真可谓饱含血泪，至情至性，感人至深。阅读这些尺牍中的精品绝品，我们会对人性的光辉、人生的悲欢和人世的苍茫有更深的感悟。

---

[1] 张志烈、马德富、周裕锴主编《苏轼全集校注》之《文集》卷四九，河北人民出版社2010年版，第16册，第5345页。

三是可以欣赏古人的文笔之美。书信本是一种应用性很强的文体,把要说的事情说完也就可以了。但我们现在所能看到的中国古代的书信,基本上都是士大夫们写的。中国古代一直存在一个士大夫阶层,这是中国古代长期实行大一统君权专制制度的产物,是中国古代社会结构的一个重要特点。士大夫们都接受过良好的教育,有较好的文学艺术修养,善于将生活艺术化。茶有茶道,花有花道,至于琴棋书画,那就更精妙无穷了。写信也是一件很雅的事情,不仅笔墨砚纸马虎不得,行款格式也有讲究。书信本身则力求写得生动活泼,于尺幅中见巧思。或如语家常,娓娓道来;或夸张调侃,风趣幽默。表关切则务求语气平和,有请托则力戒卑躬屈膝,要尽可能恰如其分,彼此两宜。结构则似信笔所之,而姿态横生。有些精巧鲜活的表达方式,在其他文体中是不可能出现的。所以鲁迅先生说,过去人看尺牍,就是为了看其中的"朝章国故,丽句清词,如何抑扬,怎样请托"[①]。诗词文赋文雅精致,内涵丰富,但要读懂并不容易;小说戏曲比较易懂,

---

[①] 鲁迅《孔另境编〈当代文人尺牍钞〉序》,见《鲁迅全集》(六)《且介亭杂文二集》,人民文学出版社1961年版,第330页。

但篇幅大多偏长。至于众多一本正经的高文典册,内容或许渊深,但除了专门研究者,一般人读起来无不觉得头昏脑胀。相形之下,小巧活泼、饶有情趣的尺牍,就成了阅读起来最轻松、可读性最强的文体。

四是可供当代人借鉴人际交往之道,尤其是语言交流的必要礼仪和技巧,因而具有实用价值。现代人已很少写信,但人际交往特别是语言交流仍然是必不可少的。古人既然写信,纸短情长,就要注意锤炼字句,力求表达清晰优美。对不同的对象,也要用不同的称谓和表达方式,以表示礼貌,务使"尊卑有序,亲疏得宜"[①]。现在人们发短信、微信,往往脱口而出,随手而发,态度随便,久而久之,语言就越来越单调,甚至粗鄙。长此以往,整个民族的语言水平和礼仪修养都可能下降,这是一件令人担心的事情。有些人不具备古文功底,又要显摆自己的古文,就更糟糕了。例如古代书信用语中的"启"本来是陈述的意思,因此书信可以用"敬启者"开头。现在人们一般用它表示打开信封的意思,有人却在信封上写某某人"敬启",

---

[①] 徐师曾《文体明辨序说》,见吴讷、徐师曾《文章辨体序说　文体明辨序说》,人民文学出版社1998年版,第129页。

就是要求别人（包括尊长）恭恭敬敬打开这封信。"聆听"是恭敬听取的意思，所以只能说自己"聆听"。请别人听或读，只能说"垂听""垂察""垂览""垂鉴""赐览""赐鉴"等。现在人汇报完了却常说"谢谢聆听"。试问收信或听汇报的长者看到或听到这样的表达，心中会作何感想？又如"家父""家兄"本用于称自己的家人，有人写信却说对方的"家父""家兄"如何如何；"令郎""令爱"是称对方的儿女，有人却说自己的"令郎""令爱"如何如何；"先严""先慈"是指自己已过世的父母，有人却用来指还活着的父母。凡此种种，让人哭笑不得。再如年长者对晚辈，为表客气，也可称"兄""世兄""仁兄"等，而自称"弟"。有些人不懂这一点，拿着某位名人称其为"兄"而自称"弟"的信函，到处炫耀，洋洋得意，令人齿冷。现代人主要通过电子邮件、短信、微信等联系，这是大势所趋。写这类东西也不必生搬硬套古人尺牍的模式，但读一点古人的尺牍还是有好处的。浸润既久，我们可以多少懂得一些必要的知识，少闹笑话；也可以感受到一些古人相交相处之道，提高自己的修养，言辞之间学会以礼相待，从而构建一种和谐的人际关系。

基于上述认识，我们编选了这套"历代名家尺牍精粹"丛书，分辑出版，首辑拟推出明清尺牍十一家。

丛书的总体定位是一套具有一定学术水准、面向社会大众读者的普及型文学读本。主要收录狭义的尺牍，即比较日常生活化的书信，兼收部分比较有文采、有情趣的论政、论学类书信。选择标准主要着眼于尺牍的文学价值。注释和赏析力图在全面深入了解作者的经历、个性，对相关事件的来龙去脉了然于心的基础上，准确把握每篇尺牍的真实含义，揭示其压在纸背的心情，及其写作上的精巧微妙之处。

丛书旨在提供一套涵盖面广、典型性强、审美价值高的历代尺牍文学选本，有助于广大读者欣赏美文，获得轻松愉悦的审美享受；发抒性灵，陶冶情操；回望祖国传统文化，回味前人的生活方式，增进对中国古代社会和士人精神世界的理解；感受汉字和汉语的深邃魅力，提高书面和口头表达能力。

本丛书的编选撰写和出版肯定存在诸多不足之处，敬希读者批评指正。

前　言

本书是"公安三袁"中袁宗道与袁中道的尺牍选辑。

袁宗道（1560—1600），字伯修，号石浦。明代湖广公安（今属湖北）人。在袁氏兄弟中，他率先反对当时诗坛上盛行的模拟之风，二弟宏道（中郎）与三弟中道继其后提出"性灵说"等文学概念，遂开创"公安派"这一在晚明文学史上具有重要影响的文学流派。尽管一般认为，"三袁"中以中郎的文学成就为最高，但伯修开风气之先的地位是毋庸置疑的。

袁中道（1570—1626），字小修，号凫隐居士、酸腐居士。为"公安三袁"中的三弟。在两位兄长去世后，他扛起了推动公安派发展的重任。在文学观念上，小修主张打通复古派和公安派的诗学理念，既克服两派之缺陷，又兼采其长，这在某种程度上促成了明末复古文学和性灵文学的合流。

伯修少年成名，仕途称得上坦荡顺遂。他十二岁入学，十九岁中举，二十七岁（万历十四年，1586）中会元，殿试二甲第一名，授翰林院编修，后授东宫讲官,皆是清贵之职。而小修的仕途则较为坎坷,直至四十七岁(万历四十四年,1616)才得中进士,五十岁任北京国子监博士,后官南京礼部仪制司主事,又升南京吏部郎中。因为生活际遇的不同,二人的个性也呈现出显著的差别。伯修温和稳实,小修则慷慨豪爽。伯修崇尚乡野隐居生活,却因自己的长孙身份,背负着家人期待而登上仕途。小修半生蹭蹬,在好不容易取得功名后,却已丧失了进取的热情。

　　伯修的尺牍较少涉及学术问题,更多地是朋友家人之间的问候琐事等,这也恰恰是真实生活的记录:朋友飘零的感叹、游山玩水的欣喜、稚子夭折的痛苦……他与官场、亲友书信往还中所表现出来的亲疏不同,面对座师、官长、同人时的辞令之别等,皆可涵泳品味出来。尤其是他写给朋友的书信,语词优美,典雅生动,具有强烈的画面感,读来颇有一种文人画的气息。小修尺牍的涉及面更广,其中对文学的发展关切尤多。万历四十三年(1615),他在给后来成为文坛宗主的钱谦益的信中说道:"弟前岁一病几殆,故取近作寿之于梓,名为《珂雪斋集》。盖弟有斋,名珂雪,取《观经》'观如来白毫相如珂雪'意也。近转觉其冗滥,不欲流通，正思取一生诗文之精警者，合为一集……"对自己的著述事业态度郑重。也是在这封信中，他对当时的复古派与公安派作出精审的评价："昔之论气格者近于套，今之论性情者近于俚。"体现出他与两位兄长的不同思考。

  本次编选，"袁伯修"部分，以《白苏斋类集》明万历刻本为底本，共选出 44 篇尺牍；"袁小修"部分，以《珂雪斋集》明万历刻本为底本，共选出 46 篇尺牍。全书采取简体形式，异体字酌情保留，明显的误字径改，并在注释中以按语方式注明。

李秀伟、王如月、刘洋洋

2024 年 5 月 31 日

目　录

总　序…………………………………………一
前　言…………………………………………一

袁伯修

答梅开府先生……………………………三
又…………………………………………四
答编修吴尚之……………………………七
龚寿亭母舅………………………………九
答汪提学静峰……………………………一二
启王荆石座主时方家居…………………一七
梅开府寄黄鼠……………………………二四
刘都谏……………………………………二五
梅开府……………………………………二七
陈学博……………………………………二九
汤义仍……………………………………三〇
答陈徽州正甫……………………………三三
李卓吾……………………………………三六

| 又………………………………………………三九 |
| 又………………………………………………四二 |
| 梅开府……………………………………四六 |
| 冯侍郎琢庵………………………………四八 |
| 陶编修石篑………………………………五〇 |
| 又………………………………………………五四 |
| 某邑令……………………………………五七 |
| 大人书……………………………………五九 |
| 答江长洲绿罗……………………………六三 |
| 黄慎轩……………………………………六六 |
| 梅开府……………………………………六八 |
| 母舅逊亭先生……………………………六九 |
| 母舅寿亭先生……………………………七〇 |
| 答萧赞善玄圃……………………………七三 |
| 答王衷白太史……………………………七五 |
| 徐惟得……………………………………七八 |
| 王衷白……………………………………八〇 |
| 李宏甫……………………………………八二 |
| 答陶石篑…………………………………八五 |
| 答同社……………………………………八八 |
| 又………………………………………………九一 |

答友人	九二
答友人	九四
答友人	九五
答赵侍御贞甫	九六
答友人	九七
简友人	九九
龚吉亭先生	一〇〇
寄三弟	一〇二
又	一一七
答陶石篑	一一九

袁小修

报伯修兄	一二七
寄李龙湖	一三三
答开府梅衡湘	一三五
答陶石篑	一三七
答陈布政志寰	一四二
寄同学	一四五
与梅衡湘	一四六
答苏云浦	一四八
寄陶石篑	一五〇

寄中郎	一五二
又	一五四
寄黄慎轩	一五五
张云影	一五八
报二兄	一六〇
云　影	一六二
刘元定	一六三
报二兄	一六四
又	一六八
又	一六九
寄长石	一七一
寄蕴璞上人	一七二
答宝庆李二府	一七三
寄苏云浦	一七七
答钱受之	一八〇
又	一八八
又	一八九
寄长孺	一九二
又	一九四
答王天根	一九五
寄夏道甫	一九八

寄刘元定 …………………………… 二〇〇

寄梅长公 …………………………… 二〇二

与雷何思 …………………………… 二〇三

寄祈年 ……………………………… 二〇五

又 …………………………………… 二〇八

寄六侄 ……………………………… 二〇九

寄王季木 …………………………… 二一〇

寄度门 ……………………………… 二一一

又 …………………………………… 二一二

寄八舅 ……………………………… 二一三

又 …………………………………… 二一四

又 …………………………………… 二一五

寄曹大参尊生 ……………………… 二一六

寄龙君御 …………………………… 二一八

答王章甫 …………………………… 二二〇

寄石洋 ……………………………… 二二四

袁伯修

答梅开府先生〔一〕

马头数语,略识英雄皮毛;宁夏之功〔二〕,始见英雄面目。去年见龙湖〔三〕,谈及足下,始得英雄神髓〔四〕。英雄之难识如此。不肖近携两弟〔五〕,都门时时剧谈〔六〕,间有一二语可听者,恨不得请正足下耳〔七〕。

注释

〔一〕梅开府:即梅国桢(1542—1605)。字克生(亦作"客生"),号衡湘。明湖广麻城(今属湖北)人。万历十一年(1583)进士。官至兵部右侍郎,总督宣大山西军务。著有《西征集》《西征疏草》《燕台遗稿》等。开府,即开府仪同三司的简称,汉代的将军或州牧可由朝廷授予这一官衔。明代的总督、巡抚可以开建府属,辟置僚佐,故亦可称"开府"。

〔二〕宁夏之功:万历二十年(1592)春,宁夏副总兵哱(bā)拜、其子承恩与刘东旸(yáng)等叛乱,梅国桢向朝廷举荐李如松等,并任监军,平息叛乱有功。

〔三〕去年:指万历二十一年(1593)。龙湖:即明代思想家李贽(1527—1602)。字宏甫,号卓吾,别号温陵居士、龙湖叟等。万历十六年(1588)剃发迁居于麻城龙湖畔的佛寺中。

〔四〕神髓：精神与骨髓，比喻精粹。

〔五〕不肖：自谦之词，不才、不贤。两弟：指二弟袁宏道与三弟袁中道。袁宏道，字中郎，号石公。明湖广公安（今属湖北）人。万历二十年（1592）进士。曾任江苏吴县（今苏州）县令。著有《袁中郎集》《瓶花斋杂录》等。其名篇《叙小修诗》言："独抒性灵，不拘格套，非从自己胸臆流出不肯下笔。"袁中道，见前言。

〔六〕都门：指京师（今北京）。万历二十二年冬，袁氏兄弟三人同赴京师。剧谈：畅谈。

〔七〕恨：遗憾。请正：敬辞，请求别人指正。

又

三弟〔一〕，愚兄弟中白眉也〔二〕，阿兄颇心逊而私赏之〔三〕。然自谓是疮痂之好〔四〕，岂期足下亦偏嗜乎？刘晋川开口见舌〔五〕，意见亦少〔六〕，然不肖所取，正以其无意见耳。世之一生谈禅〔七〕，意见炽然者不少〔八〕，如晋川之脱洒，亦自可喜也。知足下眼空世人，然朋友实难，何可备责〔九〕？愚兄弟寒灯剧谈，概多孟浪之语〔一〇〕，语繁非笔楮能尽〔一一〕，无由请正大方〔一二〕。千里同心，鉴之声外，当不俟耳闻矣〔一三〕。

注释

〔一〕三弟：即袁中道。袁宗道在世时，袁中道尚未中举，为诸生。

〔二〕白眉：原指三国时马良，因眉中有白毛，故称。《三国志·马良传》载当时乡谚："马氏五常，白眉最良。"后喻兄弟或同辈间才俊杰出者。

〔三〕心逊：合乎心意。私：内心的。

〔四〕疮痂之好：指怪癖或偏执的嗜好。语出《宋书·刘穆之传》："邕所至嗜食疮痂，以为味似鳆鱼。"

〔五〕刘晋川：即刘东星（1538—1601）。字子明，号晋川。明山西沁水人。隆庆二年（1568）进士。官至兵部尚书。著有《晋川集》《明灯道古录》等。开口见舌：语言直爽，毫无隐曲。

〔六〕意见：见解、主张。

〔七〕谈禅：谈说佛教教义。

〔八〕炽（chì）然：明白的样子。

〔九〕备责：即求全责备，对人对事物要求十全十美、毫无缺点。

〔一〇〕孟浪：自谦之词，指大而无当、不着边际的话。

〔一一〕笔楮（chǔ）：指纸笔。

〔一二〕无由：没有理由。大方：即大方之家，专家、行家。

〔一三〕不俟（sì）：不日，过不了多长时间。

点评

　　以上两封信作于万历二十二年（1594）冬，为袁宗道接到梅国桢来信后的回复。袁宗道写这封信时已赴京，此时梅国桢任大同巡抚，这两封信或许蕴含宗道拉近彼此关系的期待。袁宗道从"马头数语""宁夏之功""龙湖谈及"三个角度赞扬梅国桢的"英雄"之姿。"马头数语"是两人的直接接触，"宁夏之功"是夸赞对方的才能与成就，"龙湖谈及"则是说明二人有共同的朋友李贽。其后言及兄弟三人时时剧谈，请求对方指正便是顺势而为的事。

　　李贽与梅国桢关系紧密。万历二十一年（1593），梅国桢次女澹然听说芝佛院要塑观音大士像，致函李贽说愿为塑像出力，同时请李贽作记。李贽作《观音问》一文（收录于《焚书》卷四）。其后，澹然正式落发为尼，李贽作《题绣佛精舍》一诗以贺："闻说澹然此日生，澹然此日却为僧。僧宝世间犹时有，佛宝今看绣佛灯。可笑成男月上女，大惊小怪称奇事。陡然不见舍利佛，男身复隐知谁是。我劝世人莫浪猜，绣佛精舍是天台。天欲散花愁汝着，龙女成佛今又来。"澹然落发后欲奉李贽为师，被婉拒。但在其影响下，梅氏女眷善因、自信、明因等也向李贽请教佛理，书信往来频繁。

　　此前，梅国桢督军大同时，因得李贽推介，读中道《南游稿》，"甚激赏"（袁中道《塞游记》）。从第二封回信来看，梅国桢对中道之赞赏当甚于对刘东星，因而宗道谦称自己对三弟的欣赏为"疮痂之好"，进而夸赞刘东星开口见舌，洒脱自然。整体来看，宗道行文温雅敦厚。

答编修吴尚之〔一〕

来札云〔二〕:"年来实见全体显现〔三〕,而根尘偶处〔四〕,遂为物转〔五〕。"不知足下自早起至晚,是根偶尘耶,尘偶根耶?根尘偶时,根名物耶,尘名物耶?为物转时,尘转根耶,根转尘耶?此全体受根尘转耶,不受根尘转耶?若受根尘转者,不名全体;若名全体,亦决不受根尘转矣。足下"遂为物转"一语,成虚设矣。愿足下明以教我。

近来学道者,多半是虚脾〔六〕,大率欲人说他志韵高远、有道气,便作官而已。独足下眼睛如此〔七〕,其于作官一念,想已灰冷。如今真参实证〔八〕,续佛慧命者〔九〕,非足下其谁?弟尘缘不断〔一〇〕,好名好官,都是眼明作祟〔一一〕。然则足下两眼,是足下功德天助道品也〔一二〕。一笑。

注释

〔一〕吴尚之:即吴应宾(1564—1635)。字客卿,一字尚之,号观我。明南直隶桐城(今属安徽)人。万历十四年(1586)进士,授翰林院编修。后因目疾告归,研究性理之学,著有《学一斋集》《宗一圣论》等。

〔二〕札（zhá）：书信。

〔三〕全体：指事物的全部。

〔四〕根尘：佛教名词。佛家认为眼、耳、鼻、舌、身、意为六根，色、声、香、味、触、法为六尘。色之所依而能取境者谓之根，根之所取者谓之尘。偶处：相合、适应的地方。

〔五〕遂为物转：于是便被外物所改变。

〔六〕虚脾：虚情假意。

〔七〕眼睛如此：指吴应宾患有眼疾。

〔八〕参：参禅，指将心神专注于某一对象，通过反观内心、觅求心性，达到明心见性的境界，为佛教禅宗的一种修持方法。证：佛教语，指参悟、修行得道。

〔九〕慧命：佛教以智慧为法身的寿命，这里指弘传的佛法。

〔一〇〕尘缘：佛教指与尘世的因缘。

〔一一〕作祟：原指鬼怪害人，这里喻指眼明反而暗中起了坏作用。

〔一二〕功德天：即吉祥天女。婆罗门教、印度教中的命运、财富女神。佛教将其列为护法天神。她是四大天王之一毗沙门天之妹，有大功德于众，故称"功德天"。助道：这里指弘扬佛教教义。

点评

　　此信写于万历二十三年（1595），时袁宗道在翰林院编修任上。这是写给因目疾归里的翰林院同僚吴应宾的回信，从"近来学道者"句可分为前后两段：

　　前段是对吴应宾信札中提及的"遂为物转"的讨论。宗道连连发问，最后以逻辑的自相矛盾响应吴应宾："若受根尘转者，不名全体；若名全体，亦决不受根尘转矣。""根尘"与"全体"是部分与整体的关系。若是落在"根尘偶处"，则不能称为"全体显现"；而若是"全体显现"，就绝不会"受根尘转"。"遂为物转"一语也就成为虚设。

　　后段是以幽默的话语刺世和自嘲，也带有对对方的安慰。宗道嘲讽当时学道者大多虚情假意，实际是想被人称赞志韵高远、有道气，以达到好做官的目的。又对吴应宾说："你的眼睛如此境况，想必做官的念头已经灰冷，那么修禅悟道、弘传佛法就非足下莫属了。"他将自身与吴应宾进行对比，说自己好名好官都是眼明作祟，吴应宾的眼疾是"功德天助道品"，以纾解吴应宾仕途艰辛的郁闷，鼓励他立志高远、修行得道。

龚寿亭母舅〔一〕

　　三年之间，时时聚首畅饮，极尽山林之乐。将为此趣可要之白首〔二〕，而微尚不坚〔三〕，匆匆就道。寒月长途,严霜摧我鬓〔四〕,朔风钻我骨〔五〕,亦复何兴,而蹩躠不休〔六〕?遂使云心斋前〔七〕,苍筠无色〔八〕,薜荔笑而猿鹤怨〔九〕。盖未抵浊河〔一〇〕,而意已中悔矣。且年来放浪诗酒社中,腰骨渐粗,意态近傲,昔年学得些儿謦折〔一一〕,尽情抛向无事甲里〔一二〕,依然石浦河袁生矣〔一三〕。前偶有诗曰:"狂态归仍作,学谦久渐忘。"〔一四〕盖情语也。千万莫轻易出山〔一五〕,嘱嘱!

注释

〔一〕龚寿亭:即龚仲庆(生卒年不详)。字惟长,号寿亭,又号遁庵。明湖广公安(今属湖北)人。万历八年(1580)进士。母舅:舅舅。龚寿亭是袁宗道的三舅。

〔二〕要(yāo):约定。

〔三〕微尚:微小的志趣、意愿。常用作谦词。

〔四〕摧:损害、破坏。

〔五〕钻(zuān):穿、穿透。

〔六〕蹩(bié)躠(xiè):尽心用力貌。语出《庄子·马蹄》:"及至圣人,蹩躠为仁,踶(dì)跂(qí)为义,而天下始疑矣。""蹩躠""踶跂"皆为用尽心力、勉力为之的样子。

〔七〕云心斋:斋名,当为袁宗道在公安故乡的居处。其《寿亭舅赠我宜兴瓶茶具酒具一时精美喜而作歌》诗云:"云心斋前一片地,斑驳苔钱红间碧。"

〔八〕苍筠（yún）：青竹。

〔九〕薜（bì）荔：一种灌木，又名木莲。古人常用以薜荔叶制成的衣裳指称隐居之人。典出屈原《九歌·山鬼》："若有人兮山之阿，被薜荔兮带女萝。"猿鹤怨：意谓自己出山使隐居地的猿与鹤不满。语出南齐孔稚珪《北山移文》："蕙帐空兮夜鹤怨，山人去兮晓猿惊。"

〔一〇〕浊河：即黄河。袁宗道二十岁中举后曾沉迷神仙道法之事，后来受父逼迫，才赴京参加会试。袁中道《石浦先生传》载："癸未，大人强之赴试，行至黄河而返。"

〔一一〕磬（qìng）折（shé）：曲躬如磬，指谦恭的仪态。磬，通"罄"。

〔一二〕无事甲：即无事甲子，禅宗语，谓无觉无照的状态。

〔一三〕石浦河：湖北公安的一条用于漕运的河流，是袁宗道隐居之处。宗道非常留恋家乡无拘无束的生活，以官场逢迎为苦事。他的二弟袁宏道有诗《归来》，描述了家乡的生活："归来兄弟对门居，石浦河边小结庐。可比维摩方丈地，不妨扬子一床书。蔬园有处皆添甲，花雨无多亦溜渠。野服科头常聚首，阮家礼法向来疏。"

〔一四〕"狂态"联：出自《白苏斋类集》卷四《将抵都门》："九年牛马走，强半住江乡。狂态归仍作，学谦久渐忘。对人错尔汝，迎客倒衣裳。只合寻鸥伴，谁令入鹭行。"

〔一五〕出山：出仕，隐士出任官职。

点评

此信写于万历二十三年（1595），时袁宗道在翰林院编修任上。据其《外大母赵太夫人行状》，龚仲庆于万历十九年因母丧归，又山居两年。按照传统礼制，龚仲庆服满后可以回京复职，但他对日后出处还有所犹豫。此信是宗道为劝诫舅父不要轻易出山而写。

"三年之间"指的是万历二十年秋至二十二年秋。万历二十年，袁宏道考中进士，宗道与他同时告归，返回公安。宗道于石浦河西岸买下一居，又分给中道一小宅，二人比邻而居；宏道则居河东；外祖父及诸舅亦俱住河东西。他们朝夕聚首，结为诗社，分韵唱和，以谈禅赋诗为乐。（见袁中道《游居柿录》）在这期间，宗道作有组诗《南平社六人各一首》，包括"外大父方伯公""孝廉舅惟学""侍御舅惟长""中郎弟进士""小修弟文学"等题，写人记事，和乐且湛。

此信多用典故，风格雅致。宗道首先回忆起此前居住石浦河畔时，亲朋朝夕聚首的快乐，又感叹近年学得些虚伪的恭维谦虚之态，已背离自己最初的志趣，有些唏嘘无奈。从狂放不羁、无拘无束的情态，变成谦恭屈膝的作态，多有居于官场的身不由己，而若能"尽情抛向无事甲里"，便可回归到"依然石浦河袁生"的安然之中。宗道以自身处境劝诫舅父不要轻易出山。

答汪提学静峰〔一〕

赵侍御来〔二〕，得手教〔三〕，相与抚掌大笑。再三把玩，心痒难禁，即日作一答书，而宪台森沉〔四〕，无敢将去者。今复得手教，名言满纸，"益修密行〔五〕，不被人觑破"，尤是妙语，正与弟前答书相合。但兄说得浑涵〔六〕，而弟发泄太尽，即此便是弟不能密行处也。此个密密关窍〔七〕，惟兄能知之，亦惟兄能行之。弟则行解绝不相应〔八〕，三复手教〔九〕，徒增愧叹。所云"昏昏度日"四字，正为弟设。兄宦业荦荦〔一〇〕，品望日重〔一一〕，惺惺不足以尽之〔一二〕，况昏昏乎！艮背旧侣〔一三〕，独一萧玄圃、王衷白〔一四〕。岁月几何，良朋难得。茫茫宇宙，寻素心友易〔一五〕，寻怕死友难。即如玄圃、衷白二兄，性命见解〔一六〕，较艮背时固大进；而生死恐怖，较艮背时则渐退矣。大抵二兄与弟，俱逃不出"昏昏度日"四字，兄惺惺者，幸先度我〔一七〕。

犹忆客岁〔一八〕，诸兄夜集，谈及去我相之难〔一九〕。弟应之曰："诸兄终日波波为人〔二〇〕，把我撇在一边，安得谈无！"弟愿世人且有我相。譬如世人重金银者，十袭深扃〔二一〕，惟盗是虞〔二二〕。何也？有金银相也。世人若有我相，亦必急急忙忙寻一片安顿处，肯任阿旁狱卒负之而趋哉〔二三〕？若真欲参禅〔二四〕，此时单单只有一个疑，如一人与万人敌相似。至于要修密行，兄意不过欲遮护得十分完好[二五]。此于作官及应酬世人甚妥，打发生死，尚觉未稳。如何，如何？弟此论甚迂，聊补大教之所不及，风便更望教之[二六]。

注释

〔一〕汪提学静峰：即汪可受（1559—1620）。字以虚，号静峰。明湖广黄梅（今属湖北）人。万历八年（1580）进士。官至兵部侍郎。提学：官名，明代设提学道，掌管学政。当时汪可受为山西提学副使。

〔二〕赵侍御：即赵标（1565—1609）。字贞甫，号准台。明山西解州（今运城）人。万历十四年（1586）进士，为袁宗道同年。以庶吉士授江西道御史，除浙江道，巡按真定。袁宗道《白苏斋类集》卷五有《赵御史贞甫》诗。侍御，明清人对御史的别称。

〔三〕手教：对来信的敬称。

〔四〕宪台：这里是对他人官署的敬称。森沉：森严深沉，指官府难以接近。

〔五〕密行：佛教语。小乘指持戒严密的修行，大乘指蕴善于内而不外着的修行。这里为后者。

〔六〕浑涵：含蓄、含混。

〔七〕关窍：诀窍、窍门。

〔八〕行解：佛教语，指心所取之境相。

〔九〕三复：反复诵读。

〔一〇〕宦业：仕宦的业绩。荦（luò）荦：卓绝出众的样子。

〔一一〕品望：品德与声望。

〔一二〕惺惺：清醒、机警。

〔一三〕艮（gèn）背：一种修行方法，能让人不动物欲。旧侣：老朋友。

〔一四〕萧玄圃：即萧云举（1554—1627）。字允升，号玄圃。明广西宣化（今南宁）人。万历十四年（1586）进士。官至礼部尚书。卒谥文端。王衷白：即王图（1557—1627）。字则之，号衷白。明陕西耀州（今铜川）人。万历十四年（1586）进士。官至礼部尚书。

〔一五〕素心友：心地纯洁、世情淡泊的朋友。

〔一六〕性命：古代哲学范畴，指万物的天赋和禀受。

〔一七〕度：度化，通过说教开导使迷者醒悟。

〔一八〕客岁：去年。

〔一九〕我相：佛教认为我相、人相、众生相、寿者相为四相，其中我相指对自我存在的错误观念或执着，是人烦恼的来源。

〔二〇〕波波：奔波忙碌。

〔二一〕十袭：把物品一层又一层地包裹起来，表示珍重。扃（jiōng）：锁闭。

〔二二〕虞：担心、忧虑。

〔二三〕阿旁：梵语，地狱中的鬼卒名。

〔二四〕参禅：佛教禅宗的修持方法，有游访问禅、参究禅理、打坐禅思等形式。

〔二五〕遮护：遮藏、遮蔽。

〔二六〕风便：顺利、方便。

点评

此信写于万历二十三年（1595），时袁宗道在翰林院编修任上。信中他与汪可受讨论思想，从其论述可看出他思想的与众不同之处。从首段"'益修密行，不被觑破'，尤是妙语"可知，宗道对于"密修"一事颇感兴趣。其后，他又谈及"去我相"的话题。

"诸兄"皆认为要"去我相"，宗道却不认同这种说法，认为当"有我相"。"去我相"大致是指将个人性格中独特的一面祛除，达到与众生一致的面目。宗道认为诸兄整日奔波忙碌，就是为将自己塑造为世俗道德标准中的"圣人"，而将自我性格的独特处舍弃，又怎么能说没有"我相"呢？宗道认为世人当有"我相"，如此便有追求和守护之心，也就必定会急急忙忙寻找一片安顿处。他将"盗"与"阿旁狱卒"作比，也就是说有守护之物时便有所求，有所求便会遵守社会规则，言行举止便会自觉符合社会道德规范，又怎么会甘心被地狱鬼卒随意带走呢？

从其论述来看，"诸兄"所论与宗道恰好互为因果。宗道认为不应忙忙碌碌追求成为"圣人"而去"我相"，而应先有"我相"，为守护"我相"而成为符合道德标准的人。其后，如果真的想要参禅，就只有一个疑虑，便是性格坚韧的人不易舍弃自己的欲望。

而如果要修密行，汪可受"遮护得十分完好"的建议便有些可笑。宗道认为遮护完好固然对做官和应酬有帮助，但用来勘破生死还不够有把握，因为遮护完好并不触及生死的本质问题。

这是宗道尺牍中少有的坚定表达思想的书写，从其内容可知，此时宗道的思想已经偏向维护独特自我，而非刻意摒弃欲望、保持淡然。这与李贽思想极为契合，也是二人相交的思想根基。

启王荆石座主时方家居〔一〕

恭惟老师阁下〔二〕，道协黄中〔三〕，学深玄奥〔四〕。承天而为一柱〔五〕，佐地以育百昌〔六〕。九夷八蛮〔七〕，咸讯寇公之举动〔八〕；儿童走卒，皆知司马之勋名〔九〕。至于进退之间〔一〇〕，尤处礼义之正。初则安车屡驾〔一一〕，尚踌躇而未前；既而温纶载颁〔一二〕，始幡然而就道〔一三〕。东山再起〔一四〕，谢公果慰夫苍生；震器既安〔一五〕，留侯遂托于黄石〔一六〕。成而不宰〔一七〕，去之弗居，归山而道弥尊〔一八〕，晦迹而望愈重〔一九〕。惟乌衣之旧第〔二〇〕，即绿野之尊堂〔二一〕，托胜情于云霞，寄远襟于鱼鸟。斯可谓功成身退、奉行天道者矣。

宗道谬劣之才〔二二〕、猥下之品〔二三〕，昔奏薄技〔二四〕，遂荷甄收[二五],拾之药笼[二六],近于函丈[二七]。身岂北野之马[二八],哀其长鸣;人非南山之铜,施以熔铸[二九]。此之为德,铭刻为轻。特以阴阳为患[三〇]、霜露徂侵[三一],因柳肘之忽生[三二],守蓬户而未出[三三]。是以老师还朝之日,曾不得与望尘之众[三四],肃迓台旌[三五];及归里之时,又不得从祖帐之末[三六],遥睇仙舫[三七]。岁月冉冉,心旌遥遥[三八]。去年迫于父命,复就微官,李御无从[三九],马帐迥隔[四〇]。过平津之馆[四一],犹想光仪[四二];望吴会之云[四三],徒深仰止[四四]。斯宗道所为日夜怀歉,梦想为劳者也。缅思老师毗世之业已毕[四五],出世之道双修。直窥洙泗伊洛之源[四六],参以青牛黄面之说[四七]。久诣宝所[四八],已得玄珠[四九]。如宗道者,跧伏数年[五〇],学无寸益,亦欲稍窥性命之理[五一],少副赏鉴之精[五二],而弱植钝根[五三],欲从末由。老师亦怜而教之耶?方有入场之役[五四],匆匆具启附候[五五],临楮曷任悚仄之至[五六]!

注释

〔一〕王荆石:即王锡爵(1534—1610)。字元驭,号荆石。明南直隶太仓(今属江苏)人。嘉靖四十一年(1562)进士。官至太子少傅、吏部尚书、建极殿大学士,拜首辅。为明代重要政治人物。座主：唐宋时进士称主试官为座主。至明清，举人、进士亦称其本科主考官或总裁官为座主，亦称师座。

〔二〕恭惟：亦作"恭维"，旧时对上的谦辞，用于行文开始。

〔三〕黄中：这里指皇帝。

〔四〕玄奥：玄虚深奥的义理。

〔五〕承天：承奉天道。

〔六〕佐地：辅佐国家。百昌：指各种生物。

〔七〕九夷八蛮：泛指处于边远地区的少数民族。

〔八〕寇公：指寇准（961—1023）。字平仲。宋华州下邽（今陕西渭南）人。他在真宗时为相，力主宋真宗御驾亲征，抗击辽的入侵，订下澶渊之盟，在当时北方少数民族中有一定影响。

〔九〕司马：指司马光（1019—1086）。字君实，世称涑水先生。宋陕州夏县（今属山西）人。他在哲宗时入相，反对王安石变法。著有《资治通鉴》《涑水纪闻》等。

〔一〇〕进退：这里指出仕和退隐。

〔一一〕安车屡驾：指朝廷屡次起用王锡爵。安车，古代可以坐乘的小车。朝廷征召有重望的人，往往赐乘安车。

〔一二〕温纶：对皇帝诏令的敬称。载颁：下发。载，词缀，置于动词之前，无实义。万历十二年冬，明神宗下诏，拜王锡爵为礼部尚书兼文渊阁大学士。

〔一三〕幡然：忽然改变的样子。这里指再次入仕。

〔一四〕东山再起：重新上台或重整旧业。《晋书·谢安传》记载谢安曾隐居会稽东山，年逾四十，复出为桓温司马，累迁中书、司徒等要职，晋室赖以转危为安。这里是用谢安东山再起的典故恭维重获重用的王锡爵。

〔一五〕震器：帝王之器。

〔一六〕留侯：指张良（？—前186）。字子房。秦汉之际颍城父（今河南郏县）人。他辅佐刘邦建立汉朝，被封为留侯。黄石：指黄石公（？—前195）。相传，黄石公曾在下邳（今江苏睢宁一带）圯（yí）上传授《太公兵法》给张良，并称"十三年孺子见我济北，谷城山下黄石即我矣"（《史记·留侯世家》）。

〔一七〕不宰：不主宰。语本《老子》："为而不恃，长而不宰。"

〔一八〕归山：指退隐。

〔一九〕晦迹：隐藏行踪，不与人交往。望：名望。

〔二〇〕乌衣之旧第：指世家望族。东晋时，王、谢等望族大多居于金陵（今江苏南京）乌衣巷，于是有"乌衣门第"的典故。

〔二一〕绿野之尊堂：即绿野堂，唐代名臣裴度的别墅，在今河南洛阳境内。裴度为唐宪宗时宰相，平定藩镇叛乱有功，晚年因宦官专权，辞官退居绿野堂。

〔二二〕谫（jiǎn）劣：浅薄谫陋，这里是自谦语。

〔二三〕猥下：鄙陋低下，这里是自谦语。

〔二四〕昔奏薄技：这里指袁宗道万历十四年（1586）

进京会试，考中会元。

〔二五〕甄收：审核录用。

〔二六〕药笼：盛药的器具，比喻储备人才的地方，这里指翰林院。

〔二七〕函丈：古代讲学者与听讲者的坐席之间相距一丈。后用以称讲席，引申为对前辈学者或师长的敬称。这里指王锡爵。

〔二八〕北野之马：良马。韩愈《送温处士赴河阳军序》有言："伯乐一过冀北之野，而马群遂空。"

〔二九〕熔铸：熔化铸造。这里比喻王锡爵对自己的培养造就。

〔三〇〕阴阳为患：指寒来暑往等自然变化所带来的困难。

〔三一〕徂侵：似当作"侵徂"，即侵害损伤。

〔三二〕柳肘：肘上生瘤，比喻生死、疾病等意外的变化。语本《庄子·至乐》："俄而柳生其左肘，其意蹶蹶然恶之。"

〔三三〕蓬户：用蓬草编成的门户，简陋的房屋。这里是对自家住所的自谦说法。《庄子·让王》："原宪居鲁，环堵之室，茨以生草，蓬户不完。"

〔三四〕与：参与。望尘之众：指迎候的队列。

〔三五〕肃迓（yà）：恭迎。台旌：敬辞，指尊者出行时的仪仗旗帜，犹言"大驾"。台，称呼对方或与对方有关之物。

〔三六〕祖帐：传说道路的神明为祖神，出门的人为求平安，临行前要祭拜他。后称送人远行，在郊外路旁为饯别而设的帷帐为祖帐。这里指送行。

〔三七〕仙舫：这里是对王锡爵辞朝所乘归舟的美称。

〔三八〕心旆遥遥：指心神不宁静。心旆，同"心旌"。遥遥，同"摇摇"。

〔三九〕李御无从：指没有办法亲近贤者。据《后汉书·李膺传》，东汉李膺有贤名，被当时太学生赞誉为"天下模楷"。士大夫被他接见称作"登龙门"。这里以李膺比喻王锡爵。

〔四〇〕马帐迥隔：指难以听到老师的教诲。据《后汉书·马融传》，马融是当世通儒，他授徒时常坐在绛纱帐里。后人就称讲座或老师为"马帐"或"绛帐"。

〔四一〕平津之馆：即平津馆。汉时公孙弘为丞相，被武帝封为平津侯，他起客馆延纳士人。后人便以"平津馆"称高级官员招请宾客的处所。这里喻指王锡爵居官时的府邸。

〔四二〕光仪：光彩的仪容。东汉祢衡《鹦鹉赋》："背蛮夷之下国，侍君子之光仪。"

〔四三〕吴会（kuài）：泛指江浙地区。东汉时分会稽郡为吴、吴兴、会稽三郡，合称"吴会"。唐以后，俗称平江府为吴会，在今江苏苏州。王锡爵的家乡太仓在苏州附近，这里用以代指王锡爵的家乡。

〔四四〕仰止：仰慕、向往。语本《诗经·小雅·车辖》："高山仰止，景行行止。"

〔四五〕毗（pí）世：辅佐天下。

〔四六〕洙泗伊洛：洙泗，洙水与泗水，流经今山东曲阜一带,为孔子聚徒讲学之地。伊洛,伊水与洛水,流经今河南洛阳一带,为程颢、程颐讲学之地。这里代指孔子以及北宋程颢、程颐的儒家学说。

〔四七〕青牛:相传为老子的坐骑,这里代指老子的道家学说。黄面:即黄面老禅,释迦牟尼的别称,这里指佛家学说。

〔四八〕宝所:佛教语,本指藏珍宝之所,后比喻自由无碍的境界。

〔四九〕玄珠:道教、佛教比喻道的实体,或教义的真谛。

〔五〇〕跧(quán)伏:即"蜷伏"。

〔五一〕性命之理:有关万物天性与禀受的道理,通常指宋明理学。

〔五二〕赏鉴:欣赏鉴别。这里指王锡爵对自己的赏识。

〔五三〕弱植:孱弱无能,不能有所建树。钝根:佛教语,指资质愚钝,不能领悟佛法。

〔五四〕入场之役:这里指入考场做试官。

〔五五〕具启:备办书信。附候:附带问候。

〔五六〕楮(chǔ):纸。曷任:怎么能够承受。悚(sǒng)仄:惶恐不安的样子。

点评

此信写于万历二十三年(1595),袁宗道于本年分校礼闱。万历二十二年,王锡爵因陷入内阁与部臣的冲突,连上八疏乞休。《国榷》卷七十六记载:"二十二年五月庚子,大学士王锡爵八疏乞休，许之，进吏部尚书、建极殿大学士。"宗道写作此信时，王锡爵已回乡养老。因而文中叙及老师还朝与归里之时，自己皆不在恭候与送行队列中的遗憾。因收信者身份特殊，文章用典颇多，措辞华丽考究，以骈文句式写成，整饬工整、笔力深厚。信中称颂王锡爵学识、地位、辅佐君王的功绩等等，表达出自己未能恭送老师还朝与归里的遗憾。书信末尾委婉劝说座师修习性命之理，双修毗世与出世之道，如此必有所进益与成就。

梅开府寄黄鼠〔一〕

生平尝恨未得饱啖此味〔二〕，乃大中丞令两力舁至〔三〕，满案盈俎〔四〕，皆是物也。书生一生未曾得此雄啖也，第损郇厨太甚耳〔五〕。

注释

〔一〕黄鼠：松鼠科动物，身体细长，毛灰黄，眼大而突出，穴居疏松土壤中，食农作物与野生植物，分布于北方草原和半荒漠等干旱地区。

〔二〕啖（dàn）：吃。

〔三〕两力：两位仆役。舁（yú）：抬。

〔四〕俎（zǔ）：切肉或切菜时垫在下面的砧板。

〔五〕第：只是。郇（huán）厨：唐代韦陟袭封郇国公，性尚奢侈,"穷治馈羞"(《新唐书·韦陟传》)。后因以"郇公厨"称膳食精美的人家。

点评

此信写于万历二十三年(1595),时袁宗道在翰林院编修任上。信中写朋友赠物趣事。梅国桢赠宗道黄鼠,数量多到要派两位仆役抬至,以至铺满案俎。而黄鼠一物也让宗道极为惊奇,故而感叹"生平尝恨未得饱啖此味""书生一生未曾得此雄啖也"。"雄啖"一词充满调侃意味,又言太过劳烦厨子,更是风趣诙谐。短短几句,宗道惊奇欢喜之态跃然纸上,极具生趣。

刘都谏〔一〕

二三兄弟,十载之中,把臂分袂〔二〕,盖无定矣。然诸丈道路修阻〔三〕,会晤维艰〔四〕,固无足异者。独仁兄所居,去都门甚迩〔五〕,而不得一遂良晤,跬步之间〔六〕,有若天涯,倍令人相思如渴耳。昨夜开佳酿,烹鱼调蔬,既醉且饱,恍如曩昔过从高斋大嚼时情景〔七〕。独恨无主人相对举觞〔八〕,醉饱之余,怀思弥深,奈何,奈何!仁兄宴坐拥琴书〔九〕,吟啸自适,怀抱甚畅。顾奇伟高名〔一〇〕,世人所急,东山虽乐,恐不能长留谢安石也〔一一〕。

注释

〔一〕刘都谏：即刘为辑。字时济。明河北霸州人。万历十四年（1586）进士，为袁宗道同年。《白苏斋类集》卷一有《送刘都谏辽阳》，卷二有《刘都谏致酒一瓮赋》。都谏，六科都给事中的别称。

〔二〕把臂：握住对方的手臂，表示亲密。分袂：离别。

〔三〕诸丈：众位长者。修阻：道路遥远而阻隔。

〔四〕会晤：会面。

〔五〕都门：这里指京都之门。迩（ěr）：近。

〔六〕跬（kuǐ）步：半步，指极近的距离。

〔七〕曩（nǎng）昔：往日、从前。高斋：高雅的书斋，常用作对他人屋舍的敬称。

〔八〕觞（shāng）：酒杯。

〔九〕宴坐：闲坐、静坐。

〔一〇〕顾：但是。

〔一一〕谢安石：即谢安（320—385）。字安石。东晋陈郡阳夏（今河南太康）人。他少有重名，后因疾辞官归隐会稽东山，年逾四十复出任要职。

点评

此信写于万历二十三年（1595），从其中"恐不能长留谢安石"

句可推断出当时刘都谏将启程赴任。这是袁宗道送别朋友的书信，因而多怀念过去相聚的欢乐场景，饱含思念之情。若是相距甚远，会晤艰难，还可以理解；而跬步之间不能一见，更令人思念加倍。值得一提的是，宗道此札写朋友宴饮开怀的场景细致生动，具有鲜活的画面感。开佳酿、烹鱼调蔬、高斋大嚼、相对举觞、坐拥琴书、吟啸自适等等，这些明代文人活动富有生活趣味。

梅开府

忽接手教〔一〕，展诵不能去手。门下功盖天下〔二〕，而文章亦妙天下。词客文人，欲为诗歌称功颂业而不可得，即搜肠竭吻〔三〕，曾不满大中丞一笑〔四〕。今不佞幸借笔札之役〔五〕，少寄赞叹，深愧朴樕〔六〕，不能藻润天言〔七〕，以当台意〔八〕。而门下顾先之以华牍〔九〕，重之以厚贶〔一〇〕，是词客文人所不能得，而一椎鲁少文之夫〔一一〕，乃缘蒙之〔一二〕，能无腼颜也〔一三〕！

注释

〔一〕手教：即手书，是对来信的敬称。
〔二〕门下：即阁下，是对对方的尊称。
〔三〕搜肠竭吻：搜索枯肠、呕心沥血，形容为撰文极力思索的样子。

〔四〕不满：够不上。

〔五〕不佞：自谦之词，与不才、不贤、不肖同。

〔六〕朴樕（sù）：小树丛，比喻浅陋、平庸，是自谦之词。

〔七〕藻润：修饰润色。天言：君主的旨意。万历二十年（1592），宁夏叛乱，袁宗道曾为明神宗起草平叛诏书，即上文提及的"笔札之役"。

〔八〕当：相配、相称。

〔九〕华牍：对对方书信的敬称。华，称美之词。

〔一〇〕厚贶（kuàng）：丰厚的赠礼。

〔一一〕椎鲁：愚钝、朴鲁。

〔一二〕缘蒙之：因某种机遇而受到重用。

〔一三〕腼（miǎn）颜：羞愧、难为情。

点评

此信写于万历二十三年（1595），是袁宗道笔下较为典型的官场书信。这篇书信多用自谦之词，如"搜肠竭吻，曾不满大中丞一笑""一椎鲁少文之夫，乃缘蒙之，能无腼颜也"，或为回复梅国桢的赞美之言。宗道开篇夸赞梅国桢功盖天下，文章亦妙，声名广为流传；又谦称自己文笔不佳，不能博其一笑；而对方既寄书信，又赠厚礼，实在是令人惭愧。此篇书信的语言风格与所流露出的情感显然有别于寄黄鼠一文，可知宗道性格中有稳健内敛的一面。

陈学博[一]

士固有文不工而不见收者,亦有文工而偶见诎者[二]。今足下之文佳甚,而不佞亦颇免拙目之诮[三],于二者何居,而致足下困冷毡乎[四]!岂不佞过耶,抑足下之数耶[五]?出闱后[六],得睹芝宇[七],愈令人怅惘不可言。或者造物之奇[八],不欲处足下卑第耶[九]?不佞所望于足下者盖甚远,幸勉旃自爱[一〇]。

注释

[一]陈学博:生平不详。学博,唐代府郡所置的经学博士,这里指明清时期的学官。

[二]诎(qū):委屈。

[三]不佞:自谦之词,不才、不贤。拙目:鉴赏能力不佳,眼光不敏锐。诮:讥讽。

[四]困冷毡(zhān):意为困守冷淡的教职。唐杜甫《戏简郑广文虔兼苏司业源明》:"才名四十年,坐客寒无毡。"

[五]数:命数、天命。

[六]闱(wéi):科举时代的考试场地。

[七]芝宇:称赞人容颜的敬词,多用于书信中。语出《新唐书·元德秀传》:"见紫芝眉宇,使人名利之心都尽。"亦作

"芝眉"。

〔八〕造物：即造化、运气。

〔九〕卑第：指科举考试中低下的等级。

〔一〇〕勉旃（zhān）：努力，多用于劝勉他人。旃：语气助词，"之焉"的合音字。

点评

　　此文写于万历二十三年（1595），袁宗道于本年分校礼闱，信中事当与此有关。整体来看，宗道回应陈学博疑问的态度较为强硬。文章开篇论及士子文章未被取中的两种情况，一是文固不工，二是文工而偶见诎，而宗道既称赞对方文章上佳，又否认自己鉴别能力有失，最终将其落选的原因归结于命数，宽慰对方是上天不希望他以低下的等第被取中，鼓励他勉力自爱。这封信少见地与职事相关，能看出宗道直白的性格与坦率的行事风格。

汤义仍〔一〕

　　一别遽隔岁矣。王子声音耗〔二〕，足下亦闻之耶？此君神强骨劲，双眸清炯〔三〕，有寿者相。弟即闻，亦未忍信。倘传者非谬，则造物亦太不怜才矣〔四〕，何论世人？足下久淹墨绶〔五〕，又奚怪也〔六〕！以弟观足下，如《世说》所列"文学""豪爽""言语"，盖总具之〔七〕，所取亦已太过。宦路升沉〔八〕，自不必论。不然，是世间真有扬州鹤也〔九〕。

注释

〔一〕汤义仍：即汤显祖（1550—1616）。字义仍，号海若、清远道人。明江西临川（今抚州）人。万历十一年（1583）进士。曾官南京太常寺博士、广东徐闻典史、浙江遂昌知县。他是明代著名戏曲家、文学家，有"临川四梦"（《牡丹亭》《南柯记》《邯郸记》《紫钗记》）传世。其诗文主张与公安派相近。

〔二〕王子声：即王一鸣（1567—1598）。字子声，一字伯固。明湖广黄冈（今属湖北）人。万历十四年（1586）进士。著有《朱陵洞稿》。音耗：音讯、消息。这里指王一鸣身故的噩耗。

〔三〕清炯：清澈明亮。

〔四〕造物者：创造万物者、上苍。

〔五〕淹：停滞、久留。这里指有才能而不得升迁。墨绶：结在印纽上的黑色丝带，秦汉时为县官所佩，代指县官之职。这里指汤显祖任遂昌知县一事。

〔六〕奚：语气词，表示反问，何、为什么。怿（yì）：欢喜、高兴。

〔七〕《世说》：即南朝宋刘义庆所作《世说新语》，主要记载东汉至东晋之间的轶事琐语，展现当时的社会风貌与士族阶层的生活状况等。全书按内容分为三十六门，"文学""豪爽""言语"是其中三门,此处借以夸赞汤显祖具有文学才能、豪爽性格,且善于言谈。

〔八〕宦路:为官的路途。

〔九〕扬州鹤:形容完全称心如意之事。典出南朝梁殷芸《小说》:"有客相从,各言所志,或愿为扬州刺史,或愿多赀财,或愿骑鹤上升。其一人曰:'腰缠万贯,骑鹤上扬州。'欲兼三者。"

点评

此信作于万历二十四年(1596),时袁宗道在翰林院编修任上。汤显祖本年有《寄袁石浦太史》,参见《汤显祖集》(中华书局1962年版)卷四十五。宗道此篇乃为复函,是宽慰友人之作。显祖来信言:"蹇散之姿,天幸以金玉之游,牵拘黾勉,忽自忘其非神仙侣也。亦侍王子声在座。交知零落,倏离而去,念之怅然!在都一吏部郎相诒以散局见处,谓可燕南赵北之间,便回马首。不谓墨丝金骨,销缠四年。玉堂人颇记平昌令夜半雪中回啸否?"王一鸣的离世勾起显祖对朋友零落的伤感,当年以为不久就能回京相聚,不曾想却在遂昌县销缠四年,其感伤溢于言表。最后一句反问,更是能见出其感情之真挚:不知你还记得之前平昌(遂昌古称)县令夜半雪中回啸的过往吗?此句暗含对过去美好经历的追忆。

宗道回信开篇便言"一别遽隔岁矣",感叹王一鸣离世极为可惜,是造物主不怜才。而后又宽慰显祖,他自身本就豪爽多才,已聚合世上多种长处,宦路升沉自不好再强求,不然便占尽天下便宜了。

答陈徽州正甫〔一〕

同里同籍复同臭味者〔二〕,兄及汪静峰、不佞弟耳〔三〕。借令两兄并贱兄弟三人者〔四〕,得朝夕聚首,纵口剧谈〔五〕,岂非人间第一乐事?然此所谓法喜禅悦之乐〔六〕,非人间乐。岂惟人间,即欲界诸天〔七〕,亦不得望此乐。以故不得不为造物之所妒〔八〕,而萍分蓬散〔九〕,怅然各叹一天矣。

二家弟往有书来,云自到吴中,久不见伟人,得晤陈丈〔一〇〕,是日复知有朋友之乐。三弟亦以白岳良晤夸我〔一一〕。当此之时,若令袁长公得与〔一二〕,不知又添几种雅谈、几番雅事矣。潘雪松亟称仁兄治行〔一三〕,道人作用,固应如此。

来谕又云〔一四〕,时取《圆觉》诸经寻绎〔一五〕。既作循良〔一六〕,又图作佛,此龚黄诸君子所未梦见也〔一七〕。近同参诸兄〔一八〕,看《圆觉》白文,欲弟强释数语,不得已随看臆识〔一九〕,今抄首章请正。昔人错一转语〔二〇〕,罚作野狐〔二一〕,弟不知当作何等。极佳墨寄一二块写经,不为贪也。

注释

〔一〕陈正甫：即陈所学（1559—1641）。字正甫，号志寰，别号松石居士。明湖广景陵（今湖北天门）人。万历十一年（1583）进士。著有《松石园诗集》《鸿蒙馆集》《检身录》《会心集》等。

〔二〕同里：居住地相同，即同乡。同籍：籍贯相同。同臭（xiù）味：指志趣相投。

〔三〕汪静峰：即汪可受，见前《答汪提学静峰》注。不佞弟：指袁宏道、袁中道。不佞，不才，为谦称。

〔四〕借令：假使。

〔五〕剧谈：畅谈。

〔六〕法喜：佛教语，指因听闻佛法而产生的喜悦。禅悦：佛教语，指入于禅定后产生的心神愉悦之感。

〔七〕欲界：佛教语，三界之一，包括地狱、人间和六欲天等，以贪欲炽盛为特征。诸天：佛教语，指护法众天神。佛经言欲界有六天，色界之四禅有十八天，无色界之四处有四天，其他尚有日天、月天、韦驮天等诸天神，总称之曰诸天。

〔八〕造物：这里指创造万物的神。

〔九〕萍分蓬散：比喻朋友家人之间相分离，行踪不定。

〔一〇〕陈丈：指陈所学。丈：对前辈、长者的敬称。

〔一一〕白岳：即齐云山，在今安徽休宁西。

〔一二〕袁长公：袁宗道自谓。古人行次居长者多称"长公"。苏轼为苏洵长子，以诗文雄视百代，当时尊称为"长公"。

此处宗道似有意以"三袁"拟"三苏"。

〔一三〕潘雪松：即潘士藻（1537—1600）。字去华，号雪松。明南直隶婺源（今属江西）人。万历十一年（1583）进士。亟称：屡次称道。治行：为政的政绩。

〔一四〕来谕：对来信的敬称。

〔一五〕《圆觉》：佛经，全名为"大方广圆觉修多罗了义经"。相传唐初时，由佛陀多罗在洛阳白马寺译出，是大乘佛教经典，在汉传佛教中有重要地位。寻绎：反复推究。

〔一六〕循良：指奉公守法的官吏。

〔一七〕龚黄：汉代循吏龚遂与黄霸的并称，泛指循吏。

〔一八〕同参：这里指共同参谒一师的同伴，是同事一师的佛教徒的互相称呼。

〔一九〕臆识：指仅凭个人推断加以领悟。

〔二〇〕转语：佛教语，禅宗称拨转心机，使之恍然大悟的机锋话语。

〔二一〕罚作野狐：佛教用语，由错解佛法将堕"野狐身"的典故演变而来。《五灯会元·百丈怀海禅师》载有一老人谈因果，因为错对一字，就五百生投胎为野狐，后遇百丈禅师点化，方得解脱。

点评

此信作于万历二十四年（1596），时袁宗道在翰林院编修任上。宗道开篇言与知己聚首剧谈是人间第一乐事，由精神上的共鸣产生的心神愉悦是更上一层的快乐，比知己聚首更让人神往。然而朋友间却萍分蓬散，不得相聚，所幸二弟、三弟得遇良友。最后宗道提到道学上的问题。从其回信可知陈所学时常取《圆觉》诸经反复探究。宗道并未直接回答或探讨问题，而是发出疑问："既作循良，又图作佛"，是否相悖？但宗道还是"强释数语，不得已随看臆识，今抄首章请正"。可惜的是所抄文章散佚，我们无法知晓他的论证话语。

李卓吾〔一〕

忽得法语〔二〕，助我精进不浅〔三〕；又得读近诗，至"白尽余生发，单存不老心。远梦悲风送，秋怀落木吟"〔四〕，使我婆娑起舞〔五〕，泣数行下。近作妙至此乎，岂惟学道不可无年〔六〕！沁水父子日与翁相聚〔七〕，想得大饶益。焦漪园常相会〔八〕，但未得商量此事。陶石篑为人绝不俗〔九〕，且趋向此事〔一〇〕，极是真切，惜此时归里，我辈失一益友耳。王衷白是一本色学道人〔一一〕。此外又有萧玄圃、黄慎轩、顾开雍诸公〔一二〕，皆可谓素心友〔一三〕。因手教讯及〔一四〕，故云。又诸兄曾论及一贯忠恕〔一五〕，生戏作时艺一篇〔一六〕，谨录一纸请正。二舍弟病疟三月几殆〔一七〕，今始愈，已改教矣〔一八〕。

注释

〔一〕李卓吾：即李贽（1527—1602）。号卓吾，又号宏甫，别号温陵居士、龙湖叟等。明福建泉州人。著名思想家。著有《焚书》《藏书》《李温陵集》等。

〔二〕法语：合乎理义的言论。这里是对李贽来信的美称。

〔三〕精进：佛教语，为"六波罗蜜"之一，指在修善、断恶、去染、转净的修行过程中，毫不懈怠的努力。亦泛指进步。

〔四〕"白尽"四句：李贽《秋怀》诗，见《李温陵集》卷二十。

〔五〕婆娑：形容盘桓、停留的样子。

〔六〕无年：没有年寿，指寿命不长。

〔七〕沁水：即刘东星，见前《答梅开府先生》第二篇注。

〔八〕焦漪园：即焦竑（1540—1620）。字弱侯，号漪园、澹园。明南直隶江宁（今江苏南京）人。万历十七年（1589）进士。著有《国史经籍志》《国朝献征录》《澹园集》《焦氏笔乘》等。焦竑与李贽交深，《焚书》《续焚书》多收录二人往来书信。他与袁宗道兄弟也交往甚密。

〔九〕陶石篑：即陶望龄（1562—1609）。字周望，号石篑。明浙江会稽（今绍兴）人。万历十七年（1589）进士，与焦竑同年。著有《歇庵集》等。

〔一〇〕此事：指研究佛学一事。

〔一一〕王衷白：即王图，见前《答汪提学静峰》注。

〔一二〕萧玄圃：即萧云举，见前《答汪提学静峰》注。

黄慎轩：即黄辉（1555—1612）。字平倩，一字昭素，号慎轩。明四川南充人。万历十七年（1589）进士。顾开雍：即顾天埈（1561—？）。字升伯，号湛庵。明南直隶昆山（今属江苏）人。万历二十年（1592）进士。

〔一三〕素心友：心地纯洁的朋友。

〔一四〕手教：对对方来信的敬称。

〔一五〕一贯忠恕：孔子儒家学说的精义。语出《论语·里仁》："子曰：'参乎！吾道一以贯之。'曾子曰：'唯。'子出，门人问曰：'何谓也？'曾子曰：'夫子之道，忠恕而已矣。'"宗道有《一贯忠恕说》，收录于《白苏斋类集》卷八。

〔一六〕时艺：时文、八股文，科举时代的应试文体。

〔一七〕二舍弟：即袁宏道。几殆：极度危险。明万历二十四年（1596）八月间，袁宏道患疟疾，几欲丧命。

〔一八〕改教：改任教官。万历二十五年（1597）春，袁宏道辞去吴县令。同年冬天，宗道在京为宏道补得顺天府学教官。翌年春，宏道就任。

点评

此信作于万历二十五年（1597）。求道精进是袁宗道尺牍中的重要主题，也是他与李贽书信往来中的中心议题。宗道此信提及焦竑、陶望龄、王图、萧玄圃、黄慎轩等一起探讨佛理的素心友，由此可以推知以李贽为中心的佛理探讨人群。宗道所附《一贯忠恕说》，收录于《白苏斋类集》卷八，主要论述"忠恕即一，一则贯也"之理，忠恕之道当为人立身行事的根基。李贽有回信《答友人》一封，收录在《焚书》卷一中，内言："余谓本无一，又何守乎？一与二为对，既有一，即便有二，以至十、百、千、万而不可穷。生死相续，无有穷了，正是坐在生死窟中，而谓能了生死，吾不信也。"李贽认为世间万物无固定准则，表现形式并不相同。孔子对曾子说"一贯"，而告诉颜回"克己"。"一贯"是曾子所执所守，而"克己"就是"无己"，"无己，尽之矣"，也就是说"克己"是孔子最本质的思想。

又

前得沁水书〔一〕，即日作数字奉报，不知沁水人能乘便寄到云中不〔二〕？《孙武子注》〔三〕，今日过一友人斋中始得见之，匆匆仅读得首一序。此等真文字，惟苏长公有几篇相近〔四〕，余亦未足方也〔五〕。方同诸兄游上方归〔六〕，才释马箠〔七〕，小休榻上，忽见案头有翁书，展读一过，快不可言。又得读与焦弱侯书〔八〕，又得读《四海》《八物》〔九〕，目力倦而神不肯休。今日又得读《孙武子叙》，真可谓暴富乞儿也。

近日闲中，随笔记所见所说，将百余段，不能悉写请教，聊抄数章，博一笑。二弟当在八、九月间谒选〔一〇〕。

三弟在家,闭关作时义〔一一〕,前有书来,自云决中,然未知命数合中否。不佞读他人文字觉懑懑,读翁片言只语,辄精神百倍,岂因宿世耳根惯熟乎〔一二〕?云中信使不断,幸以近日偶笔频寄,不佞如白家老婢〔一三〕,能读亦能解也。笑笑。

注释

〔一〕沁水:即刘东星,见前《答梅开府先生》第二篇注。

〔二〕云中:这里指大同。明万历二十五年(1597)春,李卓吾曾到大同拜访梅国桢。

〔三〕《孙武子注》:李贽著有《孙子参同》,为评注古代兵书《孙子》的著作,今见明万历四十八年(1620)闵于忱松筠馆刻本。袁宗道所见或即此书之稿抄本。孙武子,即孙武(约前545—约前470),字长卿。春秋时兵法家,著有《孙子》十三篇。

〔四〕苏长公:即北宋著名文人苏轼(1037—1101)。字子瞻,号东坡居士。

〔五〕足方:能够并列、比肩。

〔六〕上方:即上方山,在今北京房山南部。宗道有《上方山》游记四篇,见于《白苏斋类集》卷十四。

〔七〕马棰(chuí):马鞭。

〔八〕焦弱侯:即焦竑,见前《李卓吾》第一篇注。

〔九〕《四海》《八物》：李贽的两篇文章，见于《焚书》卷四。

〔一〇〕谒选：古代官吏赴吏部应选。这里指万历二十五年（1597）袁宏道辞去吴县县令后，当于八、九月份参与朝廷谒选。

〔一一〕闭关：佛教语，指修行者独居一处，不与其他人交往，以潜心研习。

〔一二〕宿世：前世、前生。耳根：佛教语，指对声境而生耳识者。

〔一三〕白家老婢：即唐代诗人白居易家的老妪。宋代惠洪《冷斋夜话》载："白乐天每作诗，问曰解否。妪曰解，则录之；不解，则易之。"后世用"老妪能解"来形容诗文浅显明白。这里是袁宗道的自我调侃。

点评

此信作于万历二十五年（1597）。袁宗道在友人斋中有幸见到李贽著作《孙武子注》（或即《孙子参同》），便先读完了序言。宗道对李贽的学问颇为推崇，此前已曾读《四海》《八物》《与焦弱侯书》《孙武子叙》等篇，又得读此序，自言"真可谓暴富乞儿也"，其惊喜之情跃然纸上。从信中可知宗道又附带记下所见所说请教于李贽，自言读他人文字满心烦闷，读李贽片言只语，则精神百倍。最后又调侃李贽近日文思泉涌，前来送近作的信使不断，自己如同白家老婢一样，能读能解。可见宗道对李贽学问的崇尚。

又

病泻甚久[一]，裁候甚疏[二]，心则朝夕左右耳。"晦昧为空"[三]，"为"字从来未有如此解者，未有如此直截透彻者。"为"之一字，正是今古学道人铜枷铁锁[四]。一切声闻缘觉[五]，妄为修证[六]，古德呵其重厚昏沉[七]。此是通身晦昧，坐在"为"字中者。即如入地菩萨见性[八]，尚隔罗縠[九]，是亦未能脱尽晦昧。盖一分见处，便是他一分为处；一分为处，便是他一分晦昧处也。所以《楞严经》末段[一〇]，由尽色阴方尽受阴，由尽受阴方尽想阴，由尽想阴方尽行阴[一一]，千般岖崎，正堕在识阴黑暗区宇里。千为万为，博得晦昧，则亦何益之有哉！顾安得翁广长舌头[一二]，圆通手腕[一三]，将此全经注释一遍乎？第恐后温陵注行[一四]，前温陵注无处发卖耳。一笑，一笑。

虽然，晦昧为空，此是古人禅病[一五]，非今人禅病也。以不肖所见，今世学人，其上者堆积一肚佛法，包裹沉重，还嫌禅学疏浅，钻研故纸不休[一六]。此等人正是为有，何曾为空乎？又有一种口里说我学禅学道，其实昏昏兀兀[一七]。接客之暇，筹计家私[一八]；饱饭之后，算量资俸[一九]。三乘十二分教[二〇]，一字不看；一千七百则公案[二一]，一语未闻。若此种人，晦昧则尽晦昧矣，但是晦昧为有，不是晦昧为空耳。茫茫宇宙，觅一晦昧为空者，且不易得，而况绝学无为者哉！

今岁天气不甚热，云中地高气爽[二二]，清凉当更倍此。院署敞豁，想见居士掷拂[二三]、中丞缓带高谈之状[二四]，甚愉快也。家弟新刻[二五]，亦复翩翩自喜，前于一友人斋头见之，待渠寄到时，当寄览也。

注释

〔一〕病泻：指身患腹泻疾病。

〔二〕裁候：写信问候。裁，裁笺作书，写信。

〔三〕晦昧：阴暗、昏暗。空：佛教语，意谓万物从因缘生，没有固定，虚幻不实。

〔四〕学道人：这里指学习佛法的人。铜枷铁锁：形容难以挣脱的束缚。

〔五〕声闻：佛教称从他人开示、教授佛法，进而修行悟道的方法。缘觉：佛教称修行者所证得的一种果位。

〔六〕修证：佛教称通过修行证悟真理。

〔七〕古德：佛教徒对先辈或年长有道高僧的敬称。

〔八〕入地菩萨：这里指已通过修行般若智慧而断除妄

心、进入菩萨地者。见性：佛教语，指悟彻清净的佛性。

〔九〕罗縠（hú）：一种疏细的丝织品。尚隔罗縠，比喻不直接透彻。

〔一〇〕《楞严经》：佛经名，全称"大佛顶如来密因修正了义诸菩萨万行首楞严经"。主张一切现象都是心的显现，心是清净妙体，众生由于不知道心的精妙，不能体悟现象非真而流转生死，应当修禅定而证悟解脱。

〔一一〕色阴、受阴、想阴、行阴：佛教语，指色蕴、受蕴、想蕴、行蕴、识蕴五者假合而成的身心，现在通译为"五蕴"。色指组成身体的物质，受指感觉，想指意象、概念，行指意志，识指认识分别作用。佛教不承认灵魂实体，以为身心虽由五蕴假合而不无烦恼、轮回。

〔一二〕广长舌头：即"广长舌"，佛的三十二相之一。意谓佛陀的舌头广长，可覆面至发际，后比喻善说教法。这里指李贽能言善辩。

〔一三〕圆通：佛教语，指通达事理、周到灵活。

〔一四〕第：只是。温陵：即李贽，见前《李卓吾》第一篇注。

〔一五〕禅病：佛教语，指妨害禅定修行的一切妄念。

〔一六〕钻研故纸：这里指一味死读佛经。语本《景德传灯录·古灵神赞禅师》："其师又一日在窗下看经，蜂子投窗纸求出。师睹之曰：'世界如许广阔，不肯出，钻他故纸，驴年去其？'"

〔一七〕昏昏兀兀：昏昏沉沉的样子。

〔一八〕家私：家产、家财。

〔一九〕资俸：资历和俸禄。

〔二〇〕三乘：佛教称三种能使人获得证悟、灭息烦恼的途径。即从他人听闻佛法而悟道的声闻乘、自己观察自然现象而悟道的独觉乘，和以成佛为目标的佛乘。十二分教：佛教将三藏依体裁和内容分为十二类，这里指广释佛语的经典。

〔二一〕公案：指讲述禅师开悟始末或言行范例的故事。宋代《景德传灯录》所载禅门公案约有一千七百则。《中峰语录》卷四："当知禅语初不难会，凡一千七百则公案，俾之通会于片响之间亦不难。"

〔二二〕云中：大同的古称。明万历二十五年（1597），梅国桢任大同巡抚，李贽寄居于巡抚署内。

〔二三〕居士：指李贽。掷拂：挥动拂尘相互论辩、折难，形容高谈阔论的情态。

〔二四〕中丞：指梅国桢。明代习称巡抚为中丞。缓带：宽松衣带，形容安然自在的样子。

〔二五〕家弟新刻：指袁宏道《锦帆集》。

点评

此信写于万历二十五年（1597），是袁宗道关于学佛的思考。"晦昧为空"，"为"字是一关键。究竟是晦昧为有，还是晦昧为空？

若是晦昧为有，则是未能脱尽晦昧。但很多人口口声声说晦昧为空，却堆积了一肚子佛法，"还嫌禅学疏浅，钻研故纸不休"，或是筹计家私、算量资俸。真正能够做到"晦昧为空"的人，实在是难得一见的。

梅开府

以门下之功，以门下之才若望〔一〕，而欲高蹈人外〔二〕，万无得遂之理〔三〕。今世界如一大舶在惊涛中，只靠数辈老长年〔四〕，有不得出者，又有欲归者，其奈苍生溺何〔五〕？处处好从赤松游〔六〕，不必弃侯印归山中也。适有丧女之变〔七〕，匆匆附此，言不畅心，惟蕲照亮〔八〕。

注释

〔一〕若：连词，和、与。

〔二〕高蹈人外：指到山林中隐居。

〔三〕遂：如意、实现。

〔四〕长（zhǎng）年：老人、长辈。

〔五〕其奈苍生溺何：意谓拿陷于困境的百姓怎么办呢。

〔六〕赤松：即赤松子，古代传说中的仙人。《史记·留侯世家》:"愿弃人间事,欲从赤松子游耳。"后世遂称出世求仙为"从赤松游"。

〔七〕丧女之变:袁宗道独女于明万历二十五年(1597)因产后病死。至是,宗道二子一女,皆死于京师。

〔八〕蕲(qí),同"祈",祈求。照亮:犹"亮察",请求对方体谅自己的敬语。

点评

此信写于万历二十五年(1597),当时梅国桢致信袁宗道,言其有归隐意。万历二十四年,李贽《观音问》刻印成书,收录《答澹然诗》五篇、《与澄然》一篇、《答自信》五篇、《答明因》两篇,皆与梅氏家族相关,李贽与梅澹然再次遭受舆论攻击。同年七月,梅国桢之子梅浩然早夭,巨大的精神压力或是他意欲辞官归隐的主要原因。宗道劝梅国桢不要辞官,所用的比喻颇为新奇。他将世界比作在惊涛中航行的船舶,要靠长者掌舵。但长者有不能外出做官的,又有打算归隐的,能人皆散,那陷于困境的百姓该怎么办呢?这一比喻既将整个社会视为一体,又凸显梅国桢的力挽狂澜之能,用以劝说他不要辞官,极为有力。

此外,梅国桢也将归隐的念头告诉了李贽,李贽也劝他不要辞官,不要羡慕袁宏道辞去吴县县令的行为:"愿公勿羡之!得行志时,且行若志。士民仰盖公之卧治,戎夷赖李牧之在边,积功累勤,亦佛菩萨所愿为者。"(见《复梅客生》,李贽《续焚书》卷一)

冯侍郎琢庵[一]

甚哉阁下笃孝之感也[二]！既以精诚感主上[三]，荷封纶之锡[四]；又以精诚感司命[五]，延属纩之音[六]。甚哉阁下笃孝之感也！展对教言[七]，惨怆忉怛[八]，所不忍读。顾太翁立德树功[九]，已足不朽[一〇]；生荣没哀，亦可无憾。而未了之志、不竟之业，则属之阁下。倘阁下以沉痛致摧瘠过甚[一一]，非所以安太翁于冥冥也[一二]。为太翁，为吾道[一三]，为苍生，抑哀自爱，甚幸！

注释

[一] 冯琢庵：即冯琦（1558—1603）。字用韫，号琢庵。明山东临朐人。万历五年（1577）进士。官至礼部尚书。卒谥文敏。著有《北海集》。他曾数次主持湖广乡试，宗道、宏道及其舅龚仲庆，俱出其门下。

[二] 笃孝：十分孝顺。

[三] 精诚：真诚。主上：臣下对君主的称呼，这里指明神宗。

[四] 封纶：帝王以爵位名号赐予臣下及其家属的荣典

的诏书。锡：赏赐，这里指恩宠。

〔五〕司命：掌管生命的神。

〔六〕属（zhǔ）纩（kuàng）：将棉絮放置在临终者口鼻附近，以观察其气息的有无。指临终。

〔七〕教言：教诲的话。这里是敬称冯琦来信中的话语。

〔八〕惨怆（chuàng）忉（dāo）怛（dá）：忧伤悲痛至极点。

〔九〕太翁：指冯琦的父亲冯子履（1539—1596）。字礼甫，号仰芹。隆庆二年（1568）进士。官至河南参政。

〔一〇〕不朽：永远留存于记忆和记载中。语本《左传·襄公二十四年》："太上有立德，其次有立功，其次有立言。虽久不废，此之谓不朽。"

〔一一〕摧瘠：指因哀伤过度而瘦弱困病。

〔一二〕冥冥：鬼魂所在处，指民间信仰中的阴间。

〔一三〕吾道：指儒家修身、齐家、治国、平天下的志向。

点评

此信写于万历二十五年（1597），用词华美考究，对仗工整，风格庄重，有似应制。虽为友朋往来信件，却类同以朝廷口吻表彰冯琦的笃孝，进行礼仪上的安慰与褒奖。信的末尾"为太翁，为吾道，为苍生，抑哀自爱"一语，带有强烈的感情色彩。

陶编修石篑[一]

得兄与黄慎轩书[二],知近日杖屦在天台、雁荡间[三],同游者为我家中郎[四],所游几峰、何峰最高、何洞最奇、相对作何语、会何异人[五],幸一一写示。

小女以产后病死,思欲出游,遭此苦怀。棺敛毕[六],即同王衷白、黄慎轩游小西天[七],游上方寺。小西天石经洞,近窗者可读,此自是震旦山岩第一胜迹[八]。有雷音洞[九],中四柱俱生成,稍加刻画,为千佛像。四壁皆刻经[一〇]。其巅有五台,北台最高,如莲花在水中央,东台亦奇。五台相近,一日可遍。同游者以为希有矣,及游上方,则小西天寻常培塿耳[一一],相去不止蓬楹之辨也[一二]。大约此山从乌山口起,两山夹道,涧水中流,茅屋麦陇,俱在涧边,惜天旱涧涸。愈进愈狭,愈狭愈奇,至接待庵[一三],则山势粘天,仅通一线。人从线中进,三步一回,五步一折,仰视白日,跳而东西,返观此身,有如蟹螯郭索潭底[一四],不见岸端。如此几里,然后登山顶,据危石,数诸招提[一五],得一百余处。右有陡泉,石壁光滑,五色杂错,跃起二百丈。上有石冠石柱，欲堕不堕，仰视足酸不禁。又有望海诸峰，左有大摘星峰、小摘星峰，此皆护山峰也，远者包络数层，不能悉记。

由大摘星峰蛇行[一六]，倏高倏低。越数岭，乃达一洞，名云水洞。甫入数丈，昏黑不可辨。一门如瓮口，即同游瘦小者，亦头腰贴地乃得过，况不佞之庞然者哉！既入此口，篝火一望，高广俱不可穷际矣。方纵脚行数十步，又忽闭塞，敛臂拳曲而度，异状奇形，不可悉数。有潭，有黄龙、白龙悬壁上；又有大龙池，有龙盘池畔；又有卧佛，头甚似佛；石狮子；石蜡烛；石钟鼓，叩之，真钟鼓也；又有玲珑塔；梵山[一七]；须弥山[一八]，此山绝高，不见其末；又有石狮子洞；铁壁；银山；雪山；石罗汉；石幡[一九]，其色皆正白，或如蜜脾[二〇]，或如蜂窝，甚高广，惊心骇目。同游客有熟东南名胜者，亦叹诧称奇。惜游此者少，游洞者尤少，以故无名于世。即我辈亦但知有小西天，不知有上方山也。

游眺甫毕，入门偃卧[二一]，少休脚力。而盛族太学君来索书[二二]，蓬首信笔作此奉报[二三]，心所欲言，时迫不能缕缕[二四]。弟畏热畏劳，殊无主试兴[二五]，倘中堂见许〔二六〕，八月间出入盘山一段因缘〔二七〕，游毕当再报也。足下选胜于南，我辈探奇于北，固知世间大有闲人。一笑，一笑。二弟不知尚同游否〔二八〕，索书人甚急，不暇作家书，倘相聚，以此示之，见弟近况耳。

注释

〔一〕陶石篑：即陶望龄，见前《李卓吾》第一篇注。

〔二〕黄慎轩：即黄辉，见前《李卓吾》第一篇注。

〔三〕杖屦（jù）：手杖和鞋子，代指行踪。天台：山名，在今浙江台州境内，形势崇伟，多悬崖飞瀑，是佛教天台宗的发源地。雁荡：在今浙江温州境内，山势雄奇，风光绮丽。

〔四〕我家中郎：指袁宏道。

〔五〕异人：不寻常的人、有异才的人。

〔六〕棺敛：用棺材收敛死者，指办丧事。

〔七〕王衷白：即王图，见前《答汪提学静峰》注。小西天：即石经山，在今北京房山云居寺附近。

〔八〕震旦：古印度对中国的称呼。这里即指中国。

〔九〕雷音洞：石经山上有九个藏经洞之一。

〔一〇〕刻经：雷音洞四壁嵌有刻经石一百四十六块，为隋代僧人静琬所刻。

〔一一〕培（pǒu）塿（lǒu）：小土丘。

〔一二〕蓬樾之辨：用蓬草盖成的住所与有前厅前柱的房屋的区别。形容明显的高下之分。

〔一三〕接待庵：庵名，上方山七十二庵之一。

〔一四〕郭索：螃蟹爬行的样子。

〔一五〕招提：原指四方之僧的住处，这里指寺院。

〔一六〕蛇行：如蛇爬行般迂回前行。

〔一七〕梵山：泛指有佛寺的山。《法华玄赞》："陈思王登渔山，闻岩岫有诵经声，清婉遒亮，远谷流响，遂依拟其声而制梵呗。"

〔一八〕须弥山：山名，在古印度宇宙观中，此山位于世界中心。

〔一九〕石幡（fān）：旗状的石头。

〔二〇〕蜜脾：蜜蜂营造的酿蜜的巢，形状像脾，故称。按："蜜"，北京大学图书馆藏明刻本作"密"，今从上海古籍出版社2007年点校本改。

〔二一〕偃卧：仰卧。

〔二二〕盛族：豪门大族，这里是对陶望龄家族的敬称。太学君：此处当指陶望龄的族人，为国子监生者。太学，明清时期指国子监。

〔二三〕蓬首：形容头发散乱如飞蓬。语本《诗经·卫风·伯兮》："自伯之东，首如飞蓬。"

〔二四〕缕缕：说得详尽。

〔二五〕主试：主持考试。

〔二六〕中堂：原指唐宋中书省中的政事堂，这里指袁宗道当时任职的翰林院。

〔二七〕盘山：山名，在今天津蓟州西北，因山势峻削，必须盘旋而登，故称。

点评

　　此信写于万历二十五年（1597），主要记载袁宗道与王图、黄辉同游小西天、上方寺散心一事。文章虽以尺牍形式写成，但明显带有游记特点。文中写及雷音洞中四柱上刻画的千余佛像和四壁刻经的奇特景象，还描写了上方山山势粘天，曲折百转，仅留一线夹缝供人通过，云水洞中钟乳石形态各异，令人极为惊奇。宗道有《游西山》《上方山》数文，详细描述了他游历时的所见所闻，收入《白苏斋类集》卷十四。

又

　　吴越间名山胜水〔一〕、禅侣诗朋〔二〕、芳园精舍〔三〕、新茗佳泉，被兄数月占尽，真不虚此一归。而弟也踯躅一室之内〔四〕，婆娑数树之间〔五〕，得意无处可说。虽居闹世，似处绝崖断壑，耳目所遇，翻助愁叹。乃知世外朋俦〔六〕，甚于衣食，断断不可一刻不会也。

　　岑寂中读家弟诸刻〔七〕，如笼鹍鹒忽闻林间鸣唤之音〔八〕，恨不即掣条裂锁〔九〕，与之偕飞。家弟书云："石箦无日不禅，间一诗；弟无日不诗，间一禅。"禅即不论，诗可录数篇教我。杖履所至[一〇]，应有纪述，并乞录寄。燕中求友[一一]，亦甚艰难。近又寻得一人，曰颜与朴[一二]，相遇无几，又别去矣。此君气和骨硬，心肠洁净，眼界亦宽，第学问稍有异同处[一三]，家弟亟口赞叹[一四]。令弟今秋倘得隽[一五]，偕计入都[一六]，可得晤谈矣。

社友颇参黄杨木禅[一七]，非是不聪明，不精神，可惜发卖向诗文草圣中去[一八]，一时雨散[一九]。关山万里[二〇]，从此耳根恐遂不闻性命二字[二一]。熟处愈熟，生处愈生，亦可虑也。谢宛委从塞上来[二二]，剧谈二日，稍破寂寞，惜便别去。拙诗数首请正，聊见近况。

注释

〔一〕吴越：春秋时吴国与越国的故地，即今江浙一带。

〔二〕禅侣诗朋：指共同向心参禅、作诗的朋友。

〔三〕精舍：这里指道僧修行之所。

〔四〕踯（zhí）躅（zhú）：徘徊的样子。

〔五〕婆娑（suō）：这里是盘旋、停留的意思。

〔六〕世外朋俦（chóu）：指超脱世外、参禅学道的朋友。

〔七〕岑寂：孤独清冷。家弟诸刻：指袁宏道所刻《锦帆集》等。

〔八〕鸜（qú）鹆（yù）：八哥的别名。

〔九〕掣条裂锁：抽去绳索、裂开锁链，比喻挣脱外在束缚。

〔一〇〕杖履：手杖和鞋子，这里指游踪。

〔一一〕燕中：北京的别称。

〔一二〕颜与朴：即颜素。字质卿，号与朴。明南直隶怀宁（今安徽安庆）人。万历二年（1574）进士。他与宗道、焦竑、周海门、潘雪松等人时有切磋。著有《易研》和诗文数卷。

〔一三〕第：但，只是。

〔一四〕亟口赞叹：屡次称赞叹赏。

〔一五〕令弟：指陶望龄的弟弟陶奭龄（1571—1640）。字公望，号石梁。明浙江会稽（今绍兴）人。万历三十一年（1603）举人。王阳明三传弟子。著有《小柴桑喃喃录》。得隽（jùn）：指乡试考中举人。

〔一六〕偕计：亦作"计偕"。汉时被征召的士人都要与计吏同上京城，故称。这里指举人入京参与会试。

〔一七〕社友：明万历二十六年（1598），袁宗道、袁宏道与袁中道三兄弟与黄辉、潘士藻、江盈科、谢肇淛等人在北京城西崇国寺结葡萄社，进行论学参禅、诗酒文会等活动，同社人互称社友。黄杨木禅：黄杨木生长缓慢，传说遇闰年还不长反缩。禅宗用"黄杨木禅"比喻愚笨之人参禅，不前进反而后退。

〔一八〕诗文草圣：代指作诗与练习书法。指分散社友注意力，使他们不能好好参禅的艺能。

〔一九〕雨散：喻指朋友离散。

〔二〇〕关山万里：喻指朋友间相距遥远。

〔二一〕性命：这里指佛学。

〔二二〕谢宛委：指谢肇淛（1567—1624）。字在杭。明福建长乐人，生于浙江钱塘（今杭州）。万历二十年（1592）进士。官至广西右布政使。著有《五杂组》等。塞上：边境地区，指北方长城内外地区。

点评

身居闹市却困于一室之内，让袁宗道再次感叹精神挚友的重要性。他借袁宏道之口称赞陶望龄学禅重于学诗的行为，用"黄杨木禅"的典故反向说明时常学禅的重要性，"熟处愈熟，生处愈生"。为加强彼此之间的联系，宗道发出探讨诗歌的邀请："诗可录数篇教我。""拙诗数首请正，聊见近况。"整体来看，宗道这封信风格大气质朴，他与朋友间的往来情迹于此可窥见一二。

某邑令〔一〕

谕贵治人情〔二〕，有如人言。不佞始为公惧，继为公喜。惧者惧众情之难防、众口之难调也。虽然，处此地者，能使难防之情不足防，则过此无难防者。玉得砻愈莹〔三〕，金得锻愈精。数载苦心，一生得力，此又不佞之所为公喜也。足下赋性爽朗真诚，开口见心〔四〕，行事复开豁无琐局态〔五〕，此不佞所素服。以此治邑，决能使士民无疑，欢然信怀，真无庸过虑过防，过防则翻多事故。忘机可狎鸥〔六〕，而况人乎？见足下满纸肝鬲〔七〕，故不佞亦搜露心胆〔八〕，想能谅我也。

注释

〔一〕邑令：即县令。

〔二〕谕：来信告知。贵治：对他人所管辖地域的敬称。人情：民情、民俗。

〔三〕砻（lóng）：打磨、雕琢。莹：光洁明亮的样子。

〔四〕开口见心：形容说话直爽，没有隐曲。

〔五〕开豁：心胸开阔，行事磊落。琐局：琐屑、局促。

〔六〕忘机：忘掉世俗的机巧之心，淡泊无争。狎鸥：与鸥鸟亲密相处，指代贴近自然的隐逸生活。典出《列子·黄帝》："海上之人有好沤鸟者，每旦之海上，从沤鸟游，沤鸟之至者百住而不止。其父曰：'吾闻沤鸟皆从汝游，汝取来，吾玩之。'明日之海上，沤鸟舞而不下也。"

〔七〕肝鬲：即肺腑，比喻言语恳切，发自内心。

〔八〕搜露心胆：指坦露内心想法，真诚相见。

> **点评**
>
> 此信写于万历二十五年（1597），是袁宗道回复某县令而写。行文中体现出宗道先惧后喜的态度变化，先是忧惧民情复杂，难以防范，后又想到可顺应民情民俗进行治理。他提出应"使难防之情不足防"，也即从根源上解决众情难防的问题，而非过多防范以招致混乱。宗道崇尚自然无为，其为官态度也是如此，故而有"过防则翻多事故""忘机可狎鸥"的肺腑之言。此篇书信显露出宗道顺应自然、无为而治的政治智慧。

大人书〔一〕

孙女亡时〔二〕，情极难堪〔三〕。三日后即同诸兄游城外诸山〔四〕，胸中郁崙〔五〕，得山色朋谈，渐消煞去，此亦矫情养生之法也〔六〕。此时中堂已准辞试差〔七〕，复有良友相过，谈学赋诗，情怀愈觉畅快，大人幸勿虑我。闻三舅亦罹此苦〔八〕，舅举子屡矣〔九〕，倏忽俱成春梦〔一〇〕，恩缠爱继〔一一〕，何日是了。宿世冤业〔一二〕，乘便出现〔一三〕，倏见倏没，令其割刺万般，以酬前愤。酬则从他酬，苦则不可被他苦，三舅相见时，望取此纸出观。旋涡底佛劝落水罗汉〔一四〕，亦可笑也。

二哥有书来，正同陶石篑游齐云山，自云过真州度夏〔一五〕。新刻大有意〔一六〕，但举世皆为格套所拘〔一七〕，而一人极力摆脱，能免末俗之讥乎？大抵世间文字，有喜则有嗔，有极喜则有极嗔，此自然之理也。

男近日移居王衷白新房〔一八〕，其房有高楼可眺，幽斋可憩。所苦者，一年之后便当别卜〔一九〕。此时欲买一宅，而囊无剩钱，又耻向人开口，恐终当作人家店户耳〔二〇〕。水到渠成，兹不足虑。男赋性爽直，骨体不媚，以此寡过〔二一〕，亦以此招憎。兼之屡遭儿女之变〔二二〕，杜门时多，交游益寡，酬应弥疏。此皆宦途之所不宜，而男犯之。至于恩缠爱继，虽能强解，而左哭右啼，魂惊神伤，为养生累，良不可言。以此作官一念，真同嚼蜡。徒以二哥既已解令〔二三〕，就一片冷毡，而儿复寻泉石冷淡之趣，非大人所以教子之意，只得勉强厮捱〔二四〕。至于人之嗔喜、官之利钝〔二五〕，头上天公自有安排，男终不能作倚门行径也〔二六〕。"生事应须南亩田，世情付与东流水"〔二七〕，是男意中事矣。

注释

〔一〕大人：指袁氏兄弟之父袁士瑜（1543—1612）。字七泽，号思溪。著有《海蠡编》等。

〔二〕孙女：指袁宗道之女，嫁人一年后因产病逝世，时为万历二十五年（1597），前《陶编修石篑》提及此事。

〔三〕难堪：难以承受。

〔四〕游城外诸山：指游石经山、上方山等地，前《陶编修石篑》提及此事。又有《游西山》《上方山》等游记，收录于《白苏斋类集》卷十四。

〔五〕郁啬（sè）：忧愁艰涩、不舒畅。

〔六〕矫情：这里指强行压抑感情。

〔七〕试差：朝廷派出的乡试考官。

〔八〕三舅：即龚仲庆，见前《龚寿亭母舅》注。

〔九〕举子：这里指生养孩子。

〔一〇〕倏（shū）忽：忽然之间。

〔一一〕恩缠爱绁：指骨肉至亲间难以割舍的恩情。

〔一二〕宿世：前生。冤业：佛教语，指因作恶而招致的业报。

〔一三〕乘便：乘机、趁势。

〔一四〕旋涡底佛劝落水罗汉：指明明自己遭受的苦难更大，还要劝慰其他受苦的人。

〔一五〕真州：今江苏仪征。

〔一六〕新刻：指袁宏道新刻诗文集《锦帆集》《敝箧集》。

〔一七〕格套：指前后七子倡导的拟古程式。

〔一八〕男：儿子，此为袁宗道自称。王衷白：即王图，见前《答汪提学静峰》注。

〔一九〕别卜：另外选择住处。

〔二〇〕店户：指借居他人住所者。

〔二一〕寡过：过失少。语出《论语·宪问》："夫子欲寡其过而未能也。"

〔二二〕儿女之变：指儿女相继去世的变故。至万历二十五年（1597），袁宗道二子一女俱亡。

〔二三〕解令：指万历二十四年（1596）年底袁宏道解任吴县县令。

〔二四〕厮捱：抵住、顶着。

〔二五〕利钝：指官途的顺利与艰难。

〔二六〕倚门行径：指攀附他人的行为。

〔二七〕"生事"联：出唐高适《封立作》诗。生事，即生计。南亩，泛指农田。

点评

此信写于万历二十五年（1597）。这是袁宗道尺牍中少有的几篇吐露心曲的家书之一，心理描写极为细致。信中首先对三舅丧子表示同病相怜之意，而后简单述说二弟袁宏道近况，认同他不拘格套的论述："大抵世间文字，有喜则有嗔，有极喜则有极嗔，此自然之理也。"而后叙述自己近来寄居朋友家的概况，又说自己赋性爽直，骨体不媚，且屡遭儿女之变，杜门时多，对仕宦不利，因此人之嗔喜、官途通达与否，只能看天意。

这封信记载家长里短的琐事，没有对外人的客套恭维，也没有文友间的风雅措辞，只是用最简单的话语表露出最真实的情感。女儿去世的悲痛、朋友相陪的慰藉、兄弟志趣的契合、仕途不顺与田园理想的难以实现……呈现出复杂的情感。

答江长洲绿罗[一]

家弟既有《锦帆集》矣[二]，门下可无《茂苑集》乎[三]？集果行，不佞当僭跋数语[四]，庶几贱姓名托佳编不朽，意在附骥，不耻为蝇也[五]。家弟尚未抵家，不知萍踪近在何处，音耗不通，业已半载[六]。征仲真迹难得[七]，其仿山谷老人者尤难得[八]，明窗棐几[九]，沐手展玩，神采奕奕，射映一室，尘土胃肠[一〇]，为之一浣。十年梦想虎丘茶[一一]，如想高人韵士，千里寄至，发瓿喜跃[一二]，"恰如故人万里归来对饮"之语[一三]，不足方弟之愉快也。

弟仅有一女，适人匝岁，死于产病，情殊难堪。所幸当事见怜[一四]，听辞试差[一五]，婆娑一室[一六]，良朋时来，一觞一咏，消结涤郁，恩缠爱绁[一七]，日就轻微，卜夏之病[一八]，庶其免矣。知门下念我，故缕及近怀[一九]。

注释

〔一〕江长洲绿罗：即江盈科（1555—1605）。字进之，号绿萝。明湖南桃源人。万历二十年（1592）进士。曾官长洲县令。著有《雪涛阁集》。

〔二〕《锦帆集》：袁宏道任吴县县令期间的诗文结集，编订于万历二十四年（1596），有江盈科的序文。

〔三〕门下：即阁下，对人的尊称。《茂苑集》："茂苑"为长洲县境的古地名。袁宏道《锦帆集》之名源于吴县境内之锦帆泾，江盈科正做长洲令，因而作者也用'茂苑'虚拟其诗文集的取名，是一种调侃的说法。

〔四〕僭：超越本分，这里是自谦之词。

〔五〕意在附骥，不耻为蝇：想像蚊蝇附在马的尾巴上以远行千里一样。比喻依附名人而出名。这里是调侃的说法。

〔六〕业已：已经。

〔七〕征仲：即文征明（1470—1559）。初名璧，字征明，号衡山居士。明南直隶长洲（今江苏苏州）人。明代著名书画家。

〔八〕山谷老人：即黄庭坚（1045—1105）。字鲁直，号山谷道人，又号涪翁。洪州分宁（今江西修水）人。北宋最重要的诗人之一，与张耒、晁补之、秦观合称苏门四学士。他同时又是书法家。文征明擅行草，初时学智永，后参以黄庭坚笔意，体势流利秀劲。

〔九〕棐（fěi）几：用棐木做的几桌，泛指几桌。

〔一〇〕尘土胃肠：比喻庸俗卑陋的心胸。

〔一一〕虎丘：山名，在今江苏苏州阊门外七里处。

〔一二〕瓿（bù）：一种小瓮。

〔一三〕"恰如"句：出宋黄庭坚《品令·茶词》，原句作"恰如灯下，故人万里，归来对影"。

〔一四〕当事：指主管者。

〔一五〕试差：朝廷派遣的乡试考官。

〔一六〕婆娑：这里是盘旋、停留的意思。

〔一七〕恩缠爱绁：骨肉至亲间的感情牵绊。

〔一八〕卜夏之病：卜商（前507—前400），字子夏。春秋时卫国人，是孔子的弟子。他有子早死，痛哭失明。《礼记·檀弓上》："子夏丧其子而丧其明。"

〔一九〕缕及：细致谈及。

点评

此信写于万历二十五年（1597），涉及诸多背景事件。万历二十四年，江盈科任长洲知县，袁宗道之二弟宏道任吴县知县。长洲与吴县"同城而治，一在城东，一在城西，隔一锦帆泾，二人过从唱和甚密"。同年，宏道刻印《锦帆集》，江盈科为其作序。次年三月，宏道以病辞官归乡。而此年春天，宗道之女因产后病去世，宗道游石经洞、上方寺等地遣怀。八月，宗道升任右春坊右庶子、皇长子经筵讲官。综上所述，这篇书信当写于万历二十五年秋。

江盈科的文学观点亦与公安派相近，反对复古模拟之风，追求性灵,与袁氏兄弟相友善。宗道此篇书信共传达四层意思:一是江盈科若有《茂苑集》刊刻,自己有意为其作序;二是宏道辞官后尚未抵家,踪迹不明已有半年之久;三是江盈科所送文征明仿黄庭坚的书法作品实在是难得,自己十分欢喜;四是自述近况,仅余的一个女儿死于产后病,幸得辞官归里,在朋友的陪伴下,淤积于心中的痛苦渐渐消散。

黄慎轩〔一〕

过从之兴〔二〕,都为爱懒畏暑夺之,可笑,可笑!足下去志遂决耶〔三〕?果尔,蓬蒿之径〔四〕,羊求俱远〔五〕,花晨月夕,踽踪奚适哉〔六〕!言之闷闷。十七夕,月尚佳,当煮茗以迟从者〔七〕。游郭庄,对芙蓉〔八〕,听二高士麈谈〔九〕,大是快事,然须廿日以外可耳。顾生如此骨相〔一〇〕,如此危症,恐多凶少吉,奈何,奈何!

注释

〔一〕黄慎轩:即黄辉,见前《李卓吾》第一篇注。

〔二〕过从:交往。

〔三〕去志:退隐之念。

〔四〕蓬蒿之径:指荒野偏僻之处。

〔五〕羊求：汉代高士羊仲与求仲的合称。汉赵歧《三辅决录》载："蒋诩字符卿，舍中三径，惟羊仲、求仲从之游。二人皆雅廉逃名之士。"

〔六〕踽（jǔ）踪：独行的踪迹。

〔七〕迟：等待。从者：随行的人，这里指黄辉。

〔八〕芙蓉：荷花。

〔九〕麈（zhǔ）谈：执麈尾而清谈，泛指闲居谈论。

〔一〇〕骨相：指人的骨骼、体态和相貌。古人认为由此可以推断人的命运。

点评

此信写作时，黄辉因喜好研究佛道为当权者所嫉。沈德符《万历野获编》："黄慎轩晖以官僚在京时，素心好道，与陶石篑辈结净社佛。一时高明士人多趋之，而侧目者亦渐众，尤为当途所深嫉。"加之朝廷中国本之争日益激烈，黄辉有退居之意。黄辉是袁宗道的好友，二人在翰林院结识，关系亲密，同是公安派领军人物。宗道病逝后，黄辉亲自安排其后事，选棺椁，布祭帐，又跋山涉水，扶棺至湖广玉泉，撰写了《明右春坊右庶子兼翰林院侍读袁公圹志》，二人关系深厚至此。宗道此篇文章用词激荡高昂，情感流露自然，充满知己间志趣契合的高昂情绪。他说："足下去志遂决耶？果尔，蓬蒿之径，羊求俱远，花晨月夕，踽踪奚适哉！"从此句便能看出宗道对隐居生活的向往。这种向往又勾起他对朋友相聚之乐的期待，"游郭庄，对芙蓉，听二高士麈谈"，真乃人生之大快事。

梅开府

李孟白来〔一〕，得常聚谈甚快。凡人聪明者，多欠真实。此兄既聪明，又真实，大是难得。所云讲师何人乎〔二〕？既是讲师，说得天花没膝〔三〕，恐亦与本分事不相干涉也。

注释

〔一〕李孟白：即李长庚（生卒年不详），字酉卿，号孟白。为梅国桢之婿。袁中道《珂雪斋集》有《寄李开府孟白》《答李开府梦白》等尺牍。

〔二〕讲师：这里指传道讲经的高僧。

〔三〕天花没膝：传说梁武帝时，云光法师讲经，感动上天，天上的花朵纷纷坠落。后来形容说话言辞巧妙动听，但多夸大，不切实际。

点评

此信写于万历二十五年（1597）。信中袁宗道提及两条生活经验，一是聪明与真实并具的朋友难得，而李孟白就是其中之一；二是高僧讲经，不仅要看讲法如何，更要看是否与本分事相关涉。宗道这篇书信仅数十字，却能见出其与梅国桢的友情愈发深厚真挚，言语也愈发平易自然。书信是最为隐秘的文体，篇幅长短比较灵活，从两人的往还书信中，能看出他们的私交如何发展，情感如何变化，也能看出他们所处的社会交际圈层以及彼此的文学观点等等。

母舅逊亭先生〔一〕

家僮来，知我舅尊又遭卜夏之变〔二〕，苦哉，毒哉！甥止有一女耳，且极慧，父母视之，何翅掌珠〔三〕，而今一旦委诸尘土矣〔四〕，伤哉！甥一生遭际，与吾母舅无不似者，似舅即贤甥，亦何必如此似耶！

注释

〔一〕逊亭先生：即龚仲敏。字惟学，号逊亭。万历元年（1573）举人。袁宗道之二舅。

〔二〕卜夏之变：指丧子之痛，见前《答江长洲绿萝》。

〔三〕何翅：亦作"何啻"，岂止、何止。

〔四〕委诸尘土：指袁宗道之女于万历二十五年（1597）因产病而死之事，前《陶编修石篑》提及此事。

点评

此信写于万历二十五年（1597）。袁宗道得知舅父又遭遇卜夏之变，痛彻心扉，此篇书信一连用"苦哉""毒哉""伤哉"三个感叹句表达自己的痛苦之情。宗道对舅父的不幸感同身受，因为他自己珍爱的女儿也一朝委诸尘土，其痛苦实在难以承受。"似舅即贤甥，亦何必如此似耶"一句，想要安慰舅父，又实在无从说起，其同病相怜之情真切可感。

母舅寿亭先生[一]

沙津徐人来[二]，又得舅尊手教[三]，披读一过[四]，使我心飞云在亭中[五]。第昨郡城人云[六]，吾邑水患极毒，破堤冲城，果尔，则云在亭前红花翠竹，恐不能无恙，而诗朋酒侣[七]，不免暂废啸吟，当奈之何！家中久无一音，日日如猜谜，盖可虑者甚大，不止屋庐田舍而已，然谛思浦中居人[八]，如舅尊列位及家大人[九]，福德福相，皆万万可以无恐。且破堤冲城，非食顷便尔[一〇]，当有汹涌先声，而浦中居人，皆屡惯经者，岂有安坐待没之理？则亦不足虑矣。迁县一事，真是切要，然已付之不谈，非是畏邑中多口，盖知事大难成耳。

近事大可忧，每入直[一一]，进左掖门[一二]，直望见后山[一三]，殊不成景象。幸圣意稍转，起用行取[一四]，次第举行，从此转灾为泰，安知非祝融之相也[一五]。甥以文字薄技[一六]，典在笔札，虽切杞忧[一七]，亦何能为？"肉食者鄙，未能远谋"[一八]，每读此句，未尝不汗下。甥情性粗直，骨体不媚，且转喉触讳[一九]，甚不谐于友朋。兼之屡遭骨肉之变[二〇]，魂销神伤，仕宦一念，岂翅嚼蜡[二一]！待一二年后，即图归计，续昔年看月登高之欢。第恐此时，舅尊又辞猿鹤出北山矣[二二]。

注释

〔一〕寿亭：即龚仲庆，见前《龚寿亭母舅》注。

〔二〕沙津：公安境内地名。徐人：徐家的人。

〔三〕手教：对来信的敬称。

〔四〕披读：翻阅书籍。

〔五〕云在亭：亭名，当为龚仲庆的休憩之所。

〔六〕第：只是、但。

〔七〕侪（chái）：同辈或同类的人。

〔八〕谛（dì）思：仔细思考。

〔九〕家大人：对他人称自己的父亲。

〔一〇〕食顷：吃顿饭的功夫，形容时间很短。

〔一一〕入直：即"入值"，古代称官员入宫值班供职。袁宗道万历二十五年（1597）充东宫讲官。

〔一二〕左掖门：明清皇宫午门外的侧门，与右掖门相对，是文武百官上朝时所经之门。

〔一三〕后山：即景山。在明清皇宫之北。万历二十五年（1597），皇宫遭遇大火，宫室多毁，故可从前朝直望见景山，"不成景象"。

〔一四〕起用：重新任用已退职或黜免的官员。行取：旧时地方官若治绩良好，才能出众，可经推荐保举调任京职，称为"行取"。这里"起用行取"泛指处理日常政事。当时万历帝怠于政事，久不处理公务。

〔一五〕祝融：神名，相传原为帝喾（kù）时期的火官。这里代称火灾。相：帮助、庇佑。意谓一场大火或许反而有助于朝政。

〔一六〕薄技：浅薄的才能，这里是谦辞。

〔一七〕杞忧："杞人忧天"的简称，比喻无谓的忧虑。

〔一八〕肉食二句：语出《左传·庄公十年》，意为享有俸禄的官吏目光短浅，不能深谋远虑。

〔一九〕转喉触讳：一说话或一写文章就触犯忌讳。

〔二〇〕骨肉之变：万历二十五年（1597），袁宗道二子一女俱丧。

〔二一〕翅：同"啻"，仅仅、止。

〔二二〕辞猿鹤出北山：指放弃归隐而出仕。南齐孔稚珪《北山移文》写周颙和孔稚珪隐居钟山，后周颙应召出任海盐县令时，"蕙帐空兮夜鹤怨，山人去兮晓猿惊"。后以"北山猿鹤"代指隐居生活。

> **点评**
>
> 此信写于万历二十五年（1597），此年袁宗道的公安故乡遭遇水患，宗道担忧家中亲人安危，又进行自我宽解，家人有福德福相，或不至有事。而后谈到家国大事和自身状况，希望皇帝能够振作有为，家国恢复平稳安定。自己情性粗直，没有媚骨，无法在仕途上走很远，计划再过一二年就归家。同时劝舅舅不要出山，语词之间与《龚寿亭母舅》相似。通观袁宗道尺牍，可推知当时时事变化与周围人的心理状态。从万历二十三年至二十五年，宗道伯父龚寿亭一直有再度出仕的念头，但皆遭到宗道劝阻。

答萧赞善玄圃〔一〕

篝灯读兄书〔二〕，爱我忆我，更私箴我〔三〕，乃知世外交游〔四〕，钟情更甚，岂比尘市朋伴〔五〕，朝而握手，暮即掉臂者哉〔六〕！兄归山中，焚香啜茗，寄意琴书，取乐鱼鸟，真不减飞天仙人〔七〕，惟愿文酒之暇〔八〕，无忘却菩提本愿〔九〕，时取大慧、中峰二禅师语录置案头〔一○〕，朝夕相对。弟今法侣益稀〔一一〕，荆扉日掩，白苏斋前〔一二〕，草深一丈，亦惟恃此二老友晤语室内〔一三〕。法喜禅悦之乐〔一四〕，弟与兄默默消受〔一五〕，虽关山万里〔一六〕，亦不异刻刻对面也。

注释

〔一〕萧赞善玄圃：即萧云举，见前《答汪提学静峰》注。赞善：职官名，为太子的属官。

〔二〕篝灯：外面罩有竹笼的灯火，这里指点灯。

〔三〕箴（zhēn）：劝告、劝诫。

〔四〕世外交游：这里指超脱世俗的友情。

〔五〕尘市：尘世、市井。

〔六〕掉臂：摆动着手臂，头也不回，形容毫无眷恋。语出《史记·孟尝君列传》："日暮之后，过市朝者，掉臂而不顾。"

〔七〕飞天：这里指仙人在天空中自由自在地飞行。

〔八〕文酒：饮酒赋诗。

〔九〕菩提：这里指佛教"真谛"的体悟。

〔一〇〕大慧：即宗杲（1086—1163）。俗姓奚，字昙晦，法号妙喜，谥号普觉。宋代临济宗杨歧派著名禅师。中峰：即明本禅师（1263—1323）。俗姓孙，号中峰，法号智觉。元朝高僧，元仁宗曾赐号广慧禅师。

〔一一〕法侣：共同学习佛法的道友。

〔一二〕白苏斋：袁宗道的书斋名，因他崇尚白居易和苏轼而取。

〔一三〕晤语：面对面交谈，这里指阅读大慧、中峰二禅师语录。

〔一四〕法喜：佛教语，指因听闻佛法而产生的快乐。

禅悦：佛教语，指禅定后产生的愉悦。

〔一五〕消受：享受、受用。

〔一六〕关山：关隘山岭，指朋友间的地理阻隔。

点评

此信写于万历二十五年（1597），是袁宗道寄示朋友的告白，意在回顾二人世内世外交游，情意深重。他希望彼此结成法侣，共享学习佛法的愉悦，即使相隔万里，也像是时时会面，交流畅通无阻。宗道这封信具有文人画的气息，"焚香啜茗""寄意琴书""取乐鱼鸟""荆扉日掩""草深一丈"，语句优美，充满诗意。

答王衷白太史〔一〕

吾二人心神契合，起念共知〔二〕，出语同赏，有如形影，跬步同之〔三〕。古人所称胶漆〔四〕，方吾二人，尚未亲切也。吾兄行矣，与萧玄圃、赵准台、黄慎轩诸公相往还〔五〕，尚有老成典刑之意〔六〕。乃今诸兄先后分飞，弟虽居城市，何异孤岛？十数日中，与顾、黄诸公一晤谈外，其余率皆杜门下楗〔七〕，闭眼跏趺日也〔八〕。前两得兄书及和词等篚〔九〕，朗诵一过，两腋翩翩〔一〇〕，真如笼鸟睹秋隼破云而飞。

一月前，闻泰山迸裂里许，正愁兄游屐相值〔一一〕。不意穷幽极胜，跂扈飞扬〔一二〕，向我卖弄如此。虽然，楚中名山甚多〔一三〕，弟明岁且归，左挈中郎〔一四〕，右挈小修，狂谈浪谑〔一五〕，比吾兄此乐当百倍，彼时兄当更羡我也。

弟戴星几一月矣，数时又有未了制辞须要完结〔一六〕，朝而戴星，夜而篝灯，伏枕安眠，仅得二更。此时方匆匆撰写，无半刻暇，而温君下顾〔一七〕，云有便邮〔一八〕。信腕信笔，竟不知作何语，兄以意会之可也。又二舍弟新刻甚可观，今奉寄一部，知兄读此，又添数日喜欢也。

注释

〔一〕王衷白：即王图，见前《答汪提学静峰》注。

〔二〕起念：产生某种想法。

〔三〕跬（kuǐ）步：举步、迈步，形容极近的距离。

〔四〕胶（jiāo）漆：胶与漆，比喻情感亲密、深厚。典出《后汉书·雷义传》："胶漆自谓坚，不如雷与陈。"

〔五〕萧玄圃：即萧云举，见前《答汪提学静峰》注。赵准台：即赵标（1560—1600）。字贞甫，号准台。明湖广公安（今属湖北）人。万历十四年（1586）进士，官至右庶子。黄慎轩：即黄辉，见前《李卓吾》第一篇注。

〔六〕老成：年高有德之人。典刑：模范、旧法。语出《诗经·大雅·荡》："虽无老成人，尚有典刑。"

〔七〕楗（jiàn）：竖插的门闩。

〔八〕跏（jiā）趺（fū）：佛教修禅者的打坐坐姿，这里指静坐、端坐。

〔九〕箑（shà）：扇子。

〔一〇〕翩翩：形容轻快的样子。

〔一一〕游屐（jī）：出游时穿的木屐，这里指游踪。值：遇到、逢着。

〔一二〕跋扈飞扬：原指骄横放肆，这里指意气举动洒脱自如的样子。

〔一三〕楚中：指今湖北、湖南一带。

〔一四〕挈（qiè）：领着。

〔一五〕狂谈浪谑：纵情谈论、肆意戏谑的样子。

〔一六〕制辞：指皇帝诏书。袁宗道当时任职于翰林院，为皇帝起草诏书是他的职责。

〔一七〕温君：所指不详。下顾：敬词，称客人来访。

〔一八〕便邮：顺便为人传送书信的人。

点评

此信写于万历二十五年（1597）。王图是袁宗道挚友之一，从两人信函的措辞和所记之事就能看出两人关系之亲密。宗道写给王图的话语轻松随意，在与其他友人的书信中也常常提及王图。这封信除了表达对朋友离散的伤感和接到友人书信的欢欣外，还记载了朋友间玩乐之事。泰山迸裂，宗道担心友人的安危；友人游完泰山后向宗道夸耀，以宗道谨慎自持的性子，能够说出"向我卖弄如此"的话语，可见两人关系是多么亲厚了。为"回击"衷白，宗道言明年归家后将领中郎和小修游楚中名山，"比吾兄此乐当百倍，彼时兄当更羡我也"，朋友间斗嘴戏谑的形态便跃然纸上。

徐惟得〔一〕

不肖生平倾向大雅〔二〕，幸生同时同里，又在仕籍〔三〕，而宦迹乃若相避者〔四〕，何鄙人缘薄甚也〔五〕！然得手教〔六〕，展读数过，瞑想眉宇〔七〕，若熟晤然。岂前生菩提因中〔八〕，曾结伴共游耶？人外之契〔九〕，不介而亲〔一○〕，岂必把臂〔一一〕，乃称金兰哉〔一二〕！不佞疏野之性〔一三〕、丘壑之骨〔一四〕，戒力不坚〔一五〕，轻掷瓢衲〔一六〕，走城市间，如笼鸟槛猿〔一七〕，未尝一刻忘故林。而冲漠馆十佳绝〔一八〕，愈搅我乡思。何时得结庐傍玄亭〔一九〕，使后世与王无功、仲长子光二友并观乎〔二○〕？

注释

〔一〕徐惟得：即徐成位（1544—1614）。字惟得，号中庵。明湖广景陵（今湖北天门）人。隆庆二年（1568）进士。官至云南巡抚、右佥都御史。著有《冲漠馆集》。

〔二〕大雅：指德高而有大才的人，这里是对徐惟得的尊称。

〔三〕官迹：做官的经历、行踪。

〔四〕仕籍：记录官吏名籍的簿册。

〔五〕鄙人：对自己的谦称。

〔六〕手教：对对方来信的敬称。

〔七〕瞑想：沉思、深思。眉宇：眉额之间，这里指容貌。

〔八〕菩提因：佛教信仰中的善因，谓前生积累善行，会为今生带来好结果。

〔九〕人外之契：指俗世之外的契合。

〔一〇〕不介而亲：不经人介绍而感到亲密。

〔一一〕把臂：把持手臂，形容感情深厚亲密。

〔一二〕金兰：牢固融洽的友情。语本《易经·系辞上》："二人同心，其利断金；同心之言，其臭如兰。"

〔一三〕疏野：轻略草率、放纵不拘。

〔一四〕丘壑：山峰和溪谷，泛指幽静美丽的地方。

〔一五〕戒力：佛教指持戒的功力。

〔一六〕瓢：舀水或盛东西的工具，多用对半剖开的匏（páo）瓜制成。衲：僧衣。

〔一七〕槛（jiàn）：圈养兽类的栅栏。

〔一八〕冲漠馆：徐成位所建馆阁胜景，是其病归去官后的住所。时徐成位以"鱼在深渊鸟在林"自况,自咏十绝,和者众多。徐成位有《冲漠馆集》。

〔一九〕玄亭:汉代扬雄在蜀郡(今四川成都一带)的住宅,称草玄堂或草玄亭,简称玄亭。徐成位当时任职四川布政使,官署在成都。此处是表示想与徐成位结邻而居之意。

〔二〇〕王无功:即王绩(585—644)。字无功,号东皋子。唐绛州龙门(今山西河津)人。著名诗人。其诗多写饮酒与隐逸田园的乐趣。有《王无功文集》。仲长子光(生卒年不详):字不曜。唐洛阳人。著名隐士,无妻子,无室庐。

点评

此信写于万历二十五年(1597)。徐成位是湖广景陵(即竟陵)人,其子徐惕为竟陵派钟惺、谭元春密友。袁宗道这封书信表达了对徐成位的敬仰。他先是讲述两人的渊源,同时同里,又同在仕籍;又言读信"若熟晤然",或许有世外缘分,以至"不介而亲";最后流露出对隐居生活的向往,谈及冲漠馆十绝句对自己的触动,表示想与徐成位结为邻居,做王绩、仲长子光那样的挚友。

王衷白〔一〕

董津来〔二〕,又得手教〔三〕,且喜兄白日能作寐语〔四〕,真比往日王衷白不同。往日是无病的王衷白,近是有病的王衷白。乘此知痛知痒时节，恰好用针，可惜西京无此等好医人也〔五〕。笑笑。明年春杪〔六〕，兄幸早发，弟谨煮雨前茶于小竹林侯兄也〔七〕。令郎近日文字想奇进〔八〕，与阿翁谈禅否〔九〕？闻兄有《游太山记》〔一〇〕，幸写一本寄我。

注释

〔一〕王衷白：即王图，见前《答汪提学静峰》注。

〔二〕董津：生平不详。

〔三〕手教：对对方来信的敬称。

〔四〕寐语：睡梦中说出的话语。

〔五〕西京：即南京。明朝时南京是北京的陪都，因而时人或仿照东汉将长安称为西京的做法，将南京称为西京。

〔六〕春杪（miǎo）：春末。杪，末梢之意。

〔七〕雨前茶：一种绿茶，在农历谷雨前采的细嫩芽尖制成，故名。

〔八〕令郎：对对方儿子的敬称。

〔九〕谈禅：谈说佛教教义。

〔一〇〕太山：即泰山。五岳之一，在今山东泰安境内。

点评

此信写于万历二十五年（1597），记载了袁宗道的生活趣事。宗道以打趣的口吻写朋友王图的病事，谓以前是无病的王衷白，近来是有病的王衷白，恢谐有趣。而后自然而然发出邀请，请朋友明年春末来做客，自己将备好上好的茶水等候。又问对方儿子近来谈禅与否，主动索要朋友新作，话语中透着亲昵自然，是宗道朋友间书信问候的代表。

李宏甫[一]

不肖自入道以来[二]，即省官职大小、儿孙有无，都是头上天公掌管，原不费人纤毫气力，所以四五年来，颇是心闲。然既爱闲散，亦复不能受苦担劳，学道浮泛[三]，亦本于此。今秋乃稍自奋迅[四]，期将自今三十六年以后岁月[五]，供养诸佛[六]，决不以一知半解自安。或仗长者开示[七]，有水到渠成之日，亦未可知。盖不肖根钝力弱[八]，百不如人，持此一念，坚实长远之心，庶几将勤补拙。眼见同衙门同年同时皈依佛乘者[九]，已被无常擒却一二人[一〇]，此时虽欲不发愿努力，亦不由我也。

不肖疏慵，交游极少；独坐兀兀[一一]，又苦懒倦。寻得三四朋友，同办此事[一二]，数日辄会，会时亦不说禅说道，惟以生死事大、无常迅速，自警警人，警省一番[一三]，精进一番[一四]，此近日功课也[一五]。会中诸友，有资性聪慧者，亦有发心真实者，大抵不能相兼。会稽陶石篑极可人[一六]，恨其人体羸多病，不能受苦，今又归家，离群索居[一七]，不知此后精进，常得如往时否。

翁明年正七十，学道诸友，共举一帛为贺[一八]。盖翁年岁愈久，造诣转玄[一九]，此可贺者一。多在世一日，则多为世作一日津梁[二〇]，此可贺二。翁幸一笑而纳之，勿孤诸公供养之心可也[二一]。

注释

〔一〕李宏甫：即李贽，见前《李卓吾》第一篇注。

〔二〕入道：这里指皈依佛教，开始研究佛学真理。

〔三〕浮泛：肤浅、不深刻。

〔四〕奋迅：精神振奋。

〔五〕三十六年：此信写于万历二十三年（1595），当时袁宗道三十六岁。

〔六〕供养：佛教语，指佛教徒用香花、明灯、饮食等物品或修行、利益众生等善行供养佛、法、僧三宝。

〔七〕开示：启发、启示。

〔八〕根钝：佛教语，谓根性笨拙。根，谓人之本质本性，在合宜的引导之下，即可长出智慧和觉悟。

〔九〕同衙门：指在同一官署任职的人，即同僚。佛乘：

佛教经典。

〔一〇〕无常：无法预料的生死祸福命运。亦指旧时民间信仰中勾人魂魄的鬼差。

〔一一〕兀兀：孤独的样子。

〔一二〕此事：这里指研修佛法之事。

〔一三〕警省：警悟自省。

〔一四〕精进：佛教语，为"六波罗蜜"之一，指在修善、断恶、去染、转净的修行过程中，毫不懈怠地努力。

〔一五〕功课：佛教语，指佛教徒的早课和晚课，包括唱赞、诵经、持咒等活动。

〔一六〕陶石篑：即陶望龄，见前《李卓吾》第一篇注。

〔一七〕离群索居：离开同伴，孤独生活。

〔一八〕一帛：意谓微薄的礼物。古人常用捆成一束的五匹帛作为聘问、馈赠的礼物，称为"束帛"。

〔一九〕造诣：学业或技艺达到的程度，这里指研修佛理达到的程度。玄：深奥、奥妙。

〔二〇〕津梁：渡口和桥梁，比喻接引或引导众生的事物。这里是赞扬李贽在引导思想方面所起的作用。

〔二一〕孤：同"辜"，辜负。

点评

此信写于万历二十五年（1597），读来颇有"岁月忽已晚"之感。袁宗道说，近来朋友相聚，都在谈论生死无常。他自省近四五年来行事懒散，学道浮泛，想起已有一两位同道中人不幸离世，便生出紧迫之感，立志在今后岁月中奋进研修，坚实长远之心。又想起李贽年届七十，学道同人将献上贺礼，希望对方研修佛法更进一层，继续为世人作津梁。

答陶石篑

弟今春移居焦漪园房子〔一〕，庭上花正开，忽二舍弟至，遂坐花下剧谈至三更，强半是说陶石篑同游西湖事〔二〕。此时月照李花，清瘦冷淡，恰似对石篑面孔也。贤伯仲闭门参禅〔三〕，精进勇猛〔四〕，令我愧叹，不知此时参得如何？"三界惟心，万法惟识"一语〔五〕，似无可疑者。便令解不得，亦无损；纵使解得，中甚用也？吾辈学道〔六〕，虽未必大悟，至于向肉团心上卜度穿凿〔七〕，求分毫明白，决不作此虫豸伎俩〔八〕。兄但于"东山水上行""麻三斤""干屎橛"里穿破〔九〕。此等语言，是甚么鹘臭布衫〔一〇〕、破驴脊背〔一一〕？古人云"千疑万疑，只是一疑"，又云"制心一处，无事不办"〔一二〕。弟近来亦止向"无"字上做工夫〔一三〕，些小光景见解都不认着〔一四〕，只以悟为则，亦决不敢嫌此事淡澹，更去寻枝叶也。兄以为何如？

注释

〔一〕焦漪园：即焦竑，见前《李卓吾》第一篇注。

〔二〕同游西湖：指万历二十五年（1597）春，袁宏道与陶望龄兄弟、王赞化等友人一同游览西湖一事。

〔三〕贤伯仲：称对方兄弟的敬词。这里指陶望龄、陶奭龄兄弟。参禅：佛教禅宗的修持方法，有游访问禅、参究禅理、打坐禅思等形式。

〔四〕精进勇猛：佛教语，指勤勉修行。《无量寿经》："勇猛精进，志愿无倦。"

〔五〕"三界惟心"二语：佛教认为世界分为欲界、色界、无色界三界，三界中的万事万物都是依托于人的心识变现而成的，并非独立存在。《临济语录》："我见诸法空相，变即有，不变即无。三界唯心，万法唯识。所以梦幻空花，何劳把捉？"

〔六〕学道：这里指学习佛法。

〔七〕肉团心：佛教认为心有四种，分别是肉团心、缘虑名心、集起心、坚实心。肉团心是意根之所托，由八瓣肉叶组成。卜度（duó）：揣度猜想。《景德传灯录·福州报国院照禅师》："若见便见，若闻便闻，莫向意识里卜度，却成妄想。"穿凿：勉强解释、牵强附会。

〔八〕虫豸（zhì）伎俩：小虫子的技能，比喻微不足道的花招。

〔九〕东山水上行：禅宗著名公案之一。《五灯会元》卷二十："僧问云门：'如何是诸佛出身处？'门曰：'东山水上行。'"麻三斤：禅宗著名公案之一。《碧岩录》卷二："举僧问洞山：'如何是佛？'山云：'麻三斤。'"干屎橛：禅宗著名公案之一。《景德传灯录·义玄禅师》："时有僧问：'如何是无位真人？'师便打，云：'无位真人是什么干屎橛！'"

〔一〇〕鹘（hú）臭布衫：禅宗语录中语，带着体臭的布衫，喻指虚妄知见。鹘臭，即狐臭。

〔一一〕破驴脊背：禅宗语，比喻下劣的根器。

〔一二〕"制心一处"二语：将心神控制在一点上，就没有什么事情办不成的。意谓研习佛法要专心致志。

〔一三〕无：佛教用语，谓意念中空无一物。禅宗认为这是悟道的关键。

〔一四〕光景（yǐng）：即光影，比喻虚幻不实之物。

点评

此信写于万历二十六年（1598），在信中袁宗道与陶望龄交流了学道的心得与进益。可以看出，宗道不认同禅宗在"干屎橛"等低俗语言中悟道的方式，主张集中心神于一点，在"无"字上下功夫。

答同社[一]

从古大圣人[二]，一生仅办得一个"恕"字[三]。何也？人情固不甚相远也。故众人所有者，亦圣人所不能无；众人所无者，亦圣人所必不能有。惟圣人能与天下同其有，故不恶人之有；惟圣人能与天下同其无，故不责人之无。与天下同其有无，故心地平；不以所有所无者责天下，故一切皆平。故一恕而天下平矣。若夫贤知则不然[四]：众人之所有者，已决欲其无；众人之所无者，已决欲其有。袭取而不知其非有也[五]，久假而不知其未必无也[六]。不知其非有，必欲强天下以皆有；不知其未必无，必欲强天下以皆无。胸中不胜其崚嶒[七]，待人不胜其溪刻[八]，则自身求一日一时之安乐且不可得，而况能安人哉！曾子曰："夫子之道，忠恕而已矣。"[九]非借说也。观其所作《大学》一书[一〇]，至论平天下之道，只一絜矩尽之[一一]。矩者，心也；絜者，推此心也，恕也。夫孔子七十岁始能不逾矩[一二]，是孔子垂老始能恕也。兄独奈何轻言恕哉？

注释

〔一〕同社：万历二十六年（1598），袁宗道、袁宏道、袁中道三兄弟与黄辉、潘士藻、江盈科、谢肇淛、钟起凤、方文僎等友人在京师城西之崇国寺结葡萄社，以谈禅赋诗。社内彼此互称社友。

〔二〕圣人：指道德智慧极高的人。

〔三〕恕：推己及人，仁爱待物，为儒家处理人际关系的最高原则。办：致力、做到。

〔四〕贤知（zhì）：对对方观点的敬称。知，通"智"，见识。

〔五〕袭取："义袭而取"的省称，指不以寻常方式获取。语出《孟子·公孙丑上》。

〔六〕久假："久假不归"的省称，指长期假借而迷失本真。语出《孟子·尽心上》。

〔七〕崚（léng）嶒（céng）：山势高耸突兀。这里形容人的性情刚直。

〔八〕溪（xī）刻：苛刻。

〔九〕曾子：即曾参（前505—前435）。字子舆。春秋鲁国人。是曾点之子、孔子弟子。被后世尊称为宗圣、曾子。

〔一〇〕《大学》：儒家经典之一。原为《礼记》中的一篇，相传为曾子所作。南宋朱熹把它与《中庸》《论语》《孟子》合称为"四书"。

〔一一〕絜（xié）矩（jǔ）：絜，度量。矩，画方形的用具，引申为法度。儒家用絜矩象征道德上的规范。

〔一二〕逾矩：超越规矩法度。语出《论语·为政》："子曰：吾十有五而志于学，三十而立，四十而不惑，五十而知天命，六十而耳顺，七十而从心所欲，不逾矩。"

点评

万历二十六年（1598）秋，袁氏兄弟与潘士藻、刘日升、黄辉、陶望龄、顾天埈、李腾芳、吴用先等友人在京师城西之崇国寺结葡萄社，一同论学谈禅，师友会聚。这篇书信与此后回复友人的书信皆为社友谈论而作。

这篇文章从正反两个方面论述"恕"在"平天下"中的重要性，最后援引经典论述"恕"为天下之道。宗道所言"恕"即推己及人。圣人是能与天下同有无的，也即是自己有，不憎恶别人有；自己没有，也不以之要求别人。这样，就能实现"一切皆平""天下平"了。其后宗道从相反的角度剖析对方不能坚持恕道的原因：不知道要顺应自然。众人所有者，自己一定要其无；众人所无者，自己一定要其有。这样必然心态凌厉、待人刻薄，自身一日一时的安乐都不能实现，更何况安顿别人呢？最后宗道以曾子的话和《大学》来阐释"恕道"，将"絜矩"解释为"恕道"，将孔子"七十不逾矩"解释为"垂老始能恕"，以此论述"恕为天下之道"的核心观点。

又

来教云："乾坤是一大戏场[一]，奈何龌龊为[二]，絷人于苛礼[三]。"此论甚高。不佞窃谓礼者，世界所赖安立，何可易谈！且就兄所称戏剧喻之，扮生者自宜和雅[四]，外自宜老成[五]，官净自宜雄壮整肃[六]，丑末自宜跳跶恢谐[七]。此戏之礼，不可假借。借令一场之中[八]，皆传墨施粉，踉跄而叫笑[九]，不令观者厌呕乎？然使作戏者真认己为某官某夫人，而忘却本来姓氏，则亦愚骏之甚矣[一〇]。

注释

〔一〕乾坤：天地、世界。

〔二〕龌龊：拘于琐碎，限于狭隘。

〔三〕絷（zhí）：束缚。苛礼：严苛的礼法。

〔四〕生：传统戏曲脚色行当名，常常是主要男性人物。

〔五〕外：传统戏曲脚色行当名，通常指"老外"，即老年正剧人物。

〔六〕净：传统戏曲脚色行当名，通常为性格、品质或相貌上有特异之处的男性人物。官净指扮演文武官员的净。

〔七〕丑：传统戏曲脚色行当名，多扮演语言幽默、行动滑稽的人物。末：传统戏曲脚色行当名，这里指"副末"，为演出开场时向观众介绍剧情概要者。

〔八〕借令：假使、假如。

〔九〕踉（liàng）跄（qiàng）：走路不稳，跌跌撞撞。这里指夸张的舞台动作。

〔一〇〕愚骏（ái）：愚蠢痴傻。

点评

此信写于万历二十六年（1598），在信中袁宗道与友人探讨了礼法的重要性。他以戏剧作比，生动论述了礼法是社会秩序的安排。在社会中，每个人都应当认识到自己的身分和位置，就连戏场上也离不开规则的限定，扮生者自宜和雅，扮外者自宜老成，扮官净者自宜雄壮整肃，而扮丑、末者自宜跳跶诙谐，不能混淆错乱，否则便会贻笑大方。而在戏场之外，也应当知晓自己"本来姓氏"，若是将戏中事当作真，就是愚蠢痴傻了。

答友人

涉世如局戏〔一〕，有出手便错者，有半局而蹶者〔二〕。有局将终、势将赢，而一着便差，前功俱废者。又有终局不错一着，获全胜者。大都要胜之心一般〔三〕，所争者,算有长短、知有巧拙耳〔四〕。总之,皆局中人内事也。世间自有棋枰未展〔五〕、白黑未分,要紧一着子〔六〕。此一着子勘得明白,好胜与不好胜,总非分外〔七〕。

注释

〔一〕局戏:指围棋之类的竞技。

〔二〕蹶:挫折、失败。

〔三〕一般:一样。

〔四〕知(zhì):通"智",智慧。

〔五〕棋枰:棋盘。

〔六〕紧:围棋术语,指压缩对方棋的"气",为己方棋拓展生存空间。

〔七〕分外:置身事外。

点评

此信写于万历二十六年(1598),在信中袁宗道将涉世比作弈棋,极为巧妙。他将涉世之人分为四类:第一类是出手便错的人;第二类是中间遭遇失败的人;第三类是对弈将赢,结果棋差一着而前功尽弃的人;第四类是整局棋不错一着而大获全胜的人。大家的好胜之心是一样的,只不过谋算有长短,智能有高下罢了,而这些皆是下棋人无法置身事外的。也就是说,人生在世,要像下棋一样有所谋算,不能以"不好胜"为借口逃避现实。

答友人

"空不可遇为"〔一〕，此语良是。然谓"为空害空"，觉太过虑矣。《心经》不云乎〔二〕："是诸法空相〔三〕，不增不灭。"夫为空而有益于空，固不得谓之真空矣〔四〕；使为空而有损于空，亦安得谓之真空乎？譬如痴人居大舟中〔五〕，苦舟不行，向舱中极力推挽，舟固不因之行，然亦岂因之不行哉？鄙见如此，惟兄更教之。

注释

〔一〕空：佛教名词，梵语音译"舜若"，与"有"相对。指世间一切存在之物都没有实体，事物虚幻不实，理体空寂明净。

〔二〕《心经》：即《般若波罗蜜多心经》，亦称"般若心经""多心经"，是佛教《般若经》的纲要，讲述自性本空的佛教义理。

〔三〕诸法：指一切事物。空相：佛教语，指没有真实性的存在状态，即假象、幻想。《心经》云："舍利子，是诸法空相，不生不灭，不垢不净，不增不减。"

〔四〕真空：佛教语，指世间一切皆由概念构成，没有实体。

〔五〕痴人：愚笨、平庸之人。

点评

此信写于万历二十六年（1598），在信中袁宗道与友人探讨了佛教义理中"空"的问题。他认为"空"的状态固然不可强求，但说追求"空"反而损害了"空"就太过了。譬如愚笨之人苦于船不前进，在船舱中用力推，船固然不会因此而前行，也不会因此不前行。"空"是一种自然而然的状态，不因人的作为而有所损益。

答友人

学未至圆通〔一〕，合己见则是，违己见则非。如以南方之舟，笑北方之车；以鹤胫之长〔二〕，憎凫胫之短也〔三〕。夫不责己之有见，而责人之异见，岂不悖哉〔四〕！

注释

〔一〕圆通：通达事理。这里指达到融会贯通、触类旁通的程度。

〔二〕鹤胫：鹤的小腿，其形瘦长。

〔三〕凫（fú）胫：野鸭的小腿，其形粗短。《庄子·骈拇》："是故凫胫虽短，续之则忧；鹤胫虽长，断之则悲。"比喻事物各有长短。

〔四〕悖（bèi）：错谬、不合常理。

点评

　　此信写于万历二十六年（1598），是袁宗道与葡萄社中友人的讨论。这篇短文哲理深刻，被多种尺牍选本选入。宗道以为任何事物都有两面性，应该通达事理，容纳不同意见，不能以自己的想法来衡量一切。

答赵侍御贞甫〔一〕

　　阅正楮中语〔二〕，都是询作直指事〔三〕，此非腐儒所能知〔四〕，故不敢裁答〔五〕，非为懒也。

注释

　　〔一〕赵侍御贞甫：即赵标，见前《答汪提学静峰》注。
　　〔二〕阅正：拜读、阅读。楮（chǔ）：纸，这里指来信。
　　〔三〕询：询问。直指：职官名，汉武帝时设置，为奉派出巡或至各地处理政事的官员。这里代指御史。
　　〔四〕腐儒：只知读书，不通世事的迂腐的儒生。这里是自谦之词。
　　〔五〕裁答：作书答复。

点评

此信写于万历二十六年（1598），是袁宗道回复赵贞甫而作。信函短小精悍，仅有一句话，可见尺牍这一文体的实用性与灵活性。宗道说对方询问的都是政务，不是自己这样的腐儒能够知晓的，故而不敢作书回复，可见宗道在官场上的审慎态度。

答友人

"本来具足""个个圆成"等语〔一〕，是泻情垢之巴豆、断意根之利刀〔二〕，今人却认作补中益气汤，引一辈盲流〔三〕，日日咀嚼。又引孔子"吾无隐乎""可离非道"证明〔四〕。如此证明，亦颇分晓，但只未知于是非利害关过得否耳。奉劝吾兄，不如且拨置此事〔五〕，作些有用生涯〔六〕。到处努眼张牙〔七〕，浩浩谈说〔八〕，博得学道之名〔九〕，招得泥犁之实〔一〇〕，则何益矣！

注释

〔一〕本来具足：佛教的一种观念，认为每个人都有与生俱来的自我完备性。圆成：佛教的一种观念，认为众生的生命中都具有内在佛性，这是成佛的根据。

〔二〕意根：佛教语，为眼、耳、鼻、舌、身、意六根中的第六根，谓念虑所起。

〔三〕盲流：无见识的人等。

〔四〕吾无隐乎：我没有什么隐瞒的。语本《论语·述而》："二三子以我为隐乎？吾无隐乎尔。"可离非道：如果能够离开，就不是道了。语本《礼记·中庸》："天命之谓性，率性之谓道，修道之谓教。道也者，不可须臾离也。可离非道也。"

〔五〕拨置：搁置。

〔六〕生涯：生计、营生。

〔七〕努眼：用力张大眼睛，形容人生气愤怒的样子。

〔八〕浩浩：这里指声音宏大、喧闹的样子。

〔九〕学道：这里指学习佛法。

〔一〇〕泥犁（lí）：佛教语，意为地狱。在此界中，一切皆无，是十界中最恶劣的境界。

点评

此信写于万历二十六年（1598）。王阳明曾说："后儒只在分两上较量，只在此心纯天理上用功，即人人自有，个个圆成，便能大以成大，小以成小，不假外慕，无不具足。此便是实实落落明善诚身的事。"他的本意是人类皆平等，只要他们达到精一的境界，不论才力大小，皆可称为圣人，而后世儒生只在分量上争论，若是能尽自己所能在存天理的方面下功夫，自然就会人人有所成就，功德圆满，能力大的人做出大成就，能力小的人做出小成就，不需要凭借外力就能完美纯粹，这才是实实在在、明善诚身的事情。宗道认为王阳明此言本是为祛除情垢、断开意根而设，却被后人滥用，偏离了王氏的原意。因而劝诫友人"作些有用生涯"，不要误入歧途。这封信涉及学问之争与观念之争，宗道对友人作出真诚的规劝。

简友人

今日雨后坐轩前〔一〕，忽见桃树下菌子如手大，因叹湿热变化之速。五谷蔬果，非暖非雨，则不发生，不独一菌感湿热生也。至于人身，从暖触有，因精液成，亦湿热所化耳，本无倏有，与菌奚异？夫以忽然湿热所化之躯，遇忽然湿热所化之物，彼此俱命，彼此俱性，安在我有情，彼无情也！举似足下〔二〕，以为何如？

注释

〔一〕轩：有窗的小屋。
〔二〕举似：奉告。

点评

此信写于万历二十六年（1598）。此前，宗道在与友人书信中曾以戏剧、弈局作比，可知宗道偏爱运用巧设譬喻的手法说明自身观点。这封信中,宗道将人身与菌菇作比较,认为两者都是湿热所化,因而发出"安在我有情,彼无情也"之问,设想新奇,引人思考。

龚吉亭先生[一]

闻妗将化[二],预知时日,至期趺坐[三],诵佛号,食顷[四],谓左右曰:"佛至矣!"合掌而逝。异哉,精进之效乃如此[五]!此时只宜抚掌助欢,不宜更出一滴泪也。念佛忆佛,必定见佛,此便是现成榜样。勉旃[六],庞老勿落婆后可也[七]。甥初承凶信[八],不胜悲痛,继得此消息,不觉悲痛化为欢喜。故今附数字,称贺不称唁[九]。素帛二端[一〇],寄上。

注释

〔一〕龚吉亭:即龚仲纯(生卒年不详)。曾官于鸿胪寺。袁宗道之大舅。孟祥荣《袁宗道集笺校》等将"吉亭"注为"龚仲敏",误。

〔二〕将化:即将飞升化为神仙,是对死亡的婉称。

〔三〕趺坐:佛教修禅者的打坐姿势,即盘腿而坐。

〔四〕食顷:吃一顿饭的工夫,形容时间很短。

〔五〕精进：佛教语，为"六波罗蜜"之一，指坚持修善法，断恶法，毫不懈怠。

〔六〕勉旃（zhān）：努力，多用于劝勉他人。旃，语气助词，"之焉"的合音字。

〔七〕庞老：即庞德公。字尚长。东汉末年隐居在湖北襄阳鹿门山上的名士，与诸葛亮、徐庶、司马徽为友。荆州刺史刘表数次延请不至，后采药不返，不知所终。

〔八〕凶信：这里指袁宗道舅母的死讯。

〔九〕唁：吊丧，对遭遇丧事表示慰问。

〔一〇〕素帛：这里指吊唁所用白色布帛。

点评

此信写于万历二十六年（1598）。万历年间，昙阳子羽化飞升一事成为轰动一时的社会事件。王锡爵《化女昙阳子事略》，王世贞《昙阳大师传》《昙阳师外传》，范守己《昙阳仙师传》等对此皆有详细记载。王世贞借助自己的文坛影响力，在社会伦理层面将昙阳子推为女子守节的典范。此后，后宅妇人争相效仿昙阳子的行为，形成一种社会风气。宗道舅母之预知将化之日、趺坐、诵佛而逝的言行便是对昙阳子飞升的效仿。这封书信透露出明人对佛道追求的热烈，也涉及女性生命理念的变化。人们将"飞升"视作好事，认为"只宜抚掌助欢，不宜更出一滴泪也"，宗道的情感也从悲痛化为欢喜，反映出明代后期独特的社会观念，给人留下深刻印象。

寄三弟〔一〕

女竟不禄〔二〕，可伤悼甚！居官数年，丧却两子一女，一身萧然〔三〕，此怀何堪？犹忆往年夏中，每夜坐大槐树下，池上星河〔四〕，晶晶池底，听两儿属对〔五〕，应答如响，以为笑乐，至今思之，便是一梦。尔时麦粥〔六〕，亦何可厌也！功德天〔七〕、黑暗女〔八〕，步步相随，将奈之何！然我之为功德天者无几，而为黑暗女则甚酷矣。自弟出京后，此女能通竺典〔九〕、诵《金刚经》〔一〇〕，时有问答，皆出意外，我谬比之灵照〔一一〕，不意其遂至夭折。

昔白乐天无子〔一二〕，止有一女金銮，慧甚，后复不育，竟以无子。吾此苦真同乐天。然乐天是世间第一有福人，吾那得比之？乐天趣高才大，文价远至鸡林〔一三〕；吾才思蹇涩〔一四〕，无所成名：一不同也。乐天罢守〔一五〕，即有粟千斛〔一六〕，有太湖石、华亭鹤、折腰菱等物〔一七〕；吾官十年，债负山积，室如悬磬〔一八〕：二不同也。乐天所居履道里宅〔一九〕，据东都之胜〔二〇〕，花鸟鱼池，仿佛蓬瀛〔二一〕；吾家石浦之阳〔二二〕，滨于大江〔二三〕，即此鸠巢蜗庐〔二四〕，旦暮作鲛人窟〔二五〕，安望花草池台之乐：三不同也。乐天有妓樊素、小蛮[二六]，能舞《霓裳》[二七]；吾辈兢兢守官，那及此事，且吾乡固陋，真所谓经岁不闻音乐声者：四不同也。乐天官至三品，不为不贵；吾赋性肮脏[二八]，转喉触讳[二九]，早晚且归，终当老一校书郎[三〇]：五不同也。乐天有元、刘互相酬唱[三一]，晚年与牛奇章诸公共为赏适[三二]；想故乡一片地，惟有杜门下楗而已：六不同也。乐天素健，年至八十，得风痹疾复愈[三三]，尚能留樊素及驼马；吾少年病后，骨体脆薄，多肉少筋，非寿者相：七不同也。吾与乐天不同者如此，惟无子一事，则酷似之耳。独乐天学禅，吾亦学禅。乐天太好快活，晚年岁月，多付之诗文歌舞中，此事恐未得七穿八穴[三四]；吾以冷澹无所事，只得苦参，将来或不作生弥勒院中行径[三五]，差强之耳。若果于此一大事了却，粪草堆头拾得无价宝，世间苦乐，何足道哉！

吾比来亦切此事[三六]，但参话头工夫[三七]，难得纯一，又念世间浮解[三八]，恐无益于将来，更作小小功德，所分大官餐钱[三九]，即买鱼虾鳖蟮，放入金水池中[四〇]。每入门，内侍都不问，但云此袁家放生人也。黄慎轩、萧玄圃诸公[四一]，亦相仿效，每月朔望[四二]，放生不可胜纪。吾非欲作此有为功德也，自念以口腹伤残物命，欲用此少赎罪愆〔四三〕，且令好生一念常时萌动，将来或至悯念有情，不复食啖。然比来晨凫夜鲤〔四四〕，多取备屠门〔四五〕，至鸾刀则久已戒之矣〔四六〕。闻大人日杀牲供具〔四七〕，弟能默默引之不杀何如？此即非常功德也。邸中惟我一人食肉，眷属俱长素念佛，精勤之甚，辰昏梵呗〔四八〕，宛同兰若〔四九〕，吾意甚乐之。每与若嫂及两姬言〔五〇〕："尔辈不必忧无子，吾朝暮且解官〔五一〕，长安村中旧舍，便可作一庵，偕汝辈六时行道其中〔五二〕，他年同生青莲池中〔五三〕，永为法眷〔五四〕，此为嗣续〔五五〕，岂不更大？即我百年之后，汝辈便作净尼〔五六〕，有田可供伊蒲〔五七〕，又有人护持〔五八〕，以此卒余生，有何不可？昔王珣、王维〔五九〕，俱舍宅为寺；赵中令无子〔六〇〕，两女俱为浮屠〔六一〕；范龙图女孙〔六二〕，为妙总大士。若能若是，又何羡乎封登一品、儿孙满前？"汝嫂亦欣然颔之。然我亦是实语如语〔六三〕，非专为引诱儿女辈也。

我甚欲归田，但为大人年未六十，归计太早，恐亲心不悦。且补春宫讲读未久〔六四〕，亦欲少有所需。屈指算之，决不出三年。沙市太远不可住〔六五〕，城中已残废，惟长安村中旧居真可栖隐。且所以难乡居者为盗耳,我贫如此,即开门延之,尚恐其厌薄不来[六六],何足忧虑?我意欲将荷叶山、荷叶堰[六七],俱作短墙围之,从乌桕树中开门,以小舟往来其中,纯种白莲,山内松栗十围处,作一佛堂,万松岭上作一大士阁。记往时每夕阳行此处,则平湖万顷,晶晶晃耀,如烂银海,且可以东望黄山,极为胜处。可令阿书将我田租预市木植,杉木便好,不必楠柏木也。但闻其中树木颇遭斫伐,又邻家多取以代薪,甚为虑之。此处以林树为命,宁乞吾顶上毛,莫伐吾树也。头上霜毛,除之何害,惟此树系吾晚年生计。已敕阿书守护[六八],弟幸温语恳诸人,为此树乞命,诸人未必不听。我又敕阿书种树,山中可多种松,塘上可多种桃柳,桃柳易成,以待弟入村可自阅视。其行位亦自有方略,太整即俗,弟自能办,不须嘱也。已向董思白、黄慎轩诸公乞堂额庵名矣[六九]。

又中郎有书来,云已解官[七○]。初谓其不耐烦苦,不知其一病六月,几不起也。前讯之吴中人,云:"此令近年未有,惟饮吴中一口水耳。"又闻其发摘如神[七一],衙门宿蠹[七二],为之一清。其人非习为谀者,且众口一词,方为之喜,而乃病耶?岂剧县多事[七三],

为民劳心,至于病耶?亦其心和而骨傲,不堪折腰之苦[七四],遂发病耶?既病矣,自宜解官,岂容以七尺殉一官也?其去以养詹姑为辞[七五],闻吴民千百人,皆聚神庙中,愿各捐十年之寿,延詹姑一日,以留仁父母[七六],醮事忏仪[七七],所在佛宫道院,无不然者。吾闻之,又为之喜。功名升沉何足论,若真能有益于百姓,即是大功德、大行愿也。然中郎年少,岂容归隐,将来到京,补一广文[七八],积三四年,可至部属[七九],其清望甚重[八〇],与他量移者异[八一]。弟可将此意达之大人,莫令其忧也。

云中老子念吾弟甚[八二],每书来未常不及弟。卓吾亦有书来[八三],讯弟动定。又邑中人云,弟日来常携酒人数十辈,大醉江上,所到市肆鼎沸。以弟之才,久不得意,其磊块不平之气[八四],固宜有此,然吾弟终必达,尚当静养以待时,不可便谓一发不中,遂息机也[八五]。信陵知终不可用[八六],故以酒色送其余年;陈思王绝自试之路[八七],始作平乐之游耳[八八]。弟事业无涯,其路未塞,为朱紫阳亦大破碎[八九],即陈同甫亦太粗豪[九〇]。陈同甫度桥,马次且[九一],即下马拔剑斩其首,辛稼轩见而奇之[九二]。奇则奇矣,马有何知,而遂残其命，此视王蓝田之踩鸡子更甚矣〔九三〕。少年遭祸，晚得一第，数月遂至不享，此亦可以戒矣。然吾弟恺悌仁厚〔九四〕，宁复有此！闻邑中少年多恶习，不可不诱引之也。昨又闻吾弟作敦仁会，率诸友讲学，甚善，甚善！场事将近〔九五〕，且作时义〔九六〕。吾归隐之志已切，得弟中隽〔九七〕，即拂衣之行决矣。闻侄子甚清令〔九八〕，白家阿龟当从汝乞之〔九九〕。

前两三月游上方诸山，往与弟坐杜庄竹园〔一〇〇〕，阅《名山记》〔一〇一〕，有所谓石经洞者，悉得于杖履之下。弟今秋来，当一一举似〔一〇二〕，且同弟觅再游也。所寄大人书甚略，大人如不厌烦，弟可将此书从头读一遍，即可以悉吾近况与后日行径也。纸尽不更作，有便勤寄八行〔一〇三〕，望之！

注释

〔一〕三弟：指袁中道。

〔二〕不禄：年少夭折。《礼记·曲礼下》："寿考曰卒，短折曰不禄。"万历二十五年（1597），袁宗道之女因产后病卒。

〔三〕萧然：空寂、萧条的样子。

〔四〕星河：即银河。

〔五〕属（zhǔ）对：学习诗文写作中的对仗。属，连缀、连接。

〔六〕麦粥：这里指简陋的饭食。

〔七〕功德天：即吉祥天女。来源于婆罗门教、印度教的命运、财富女神，所至之处能令人获福。佛教将此神列为护法天神，认为她有大功德于众。

〔八〕黑暗女：即黑耳女。是功德天之妹，所至之处能令人衰损。《涅槃经》卷十二："姊云功德天，授人以福；妹云黑暗女，授人以祸。此二人常同行不离。"

〔九〕竺典：佛教经典。

〔一〇〕《金刚经》：佛教典籍，全名为"金刚般若波罗蜜经"。主要阐释般若空义。

〔一一〕灵照：唐人庞蕴居士之女。《景德传灯录·襄州居士庞蕴》："居士（庞蕴）将入灭，令女灵照出视日早晚，及午以报。女遽报曰：'日已中矣，而有蚀也。'居士出户观次，灵照即登父座，合掌坐亡。居士笑曰：'我女锋捷矣！'"后指善解父意的幼女。

〔一二〕白乐天：即白居易（772—846）。字乐天，自号香山居士。唐代诗人。华州下邽（今陕西渭南）人。德宗贞元十六年（799）进士。著有《白氏长庆集》。晚年多写闲适诗。宗道崇尚白居易和苏轼，他将自己的书斋命名为白苏斋也是基于此。

〔一三〕鸡林：古国名，即新罗（今韩国）。传说新罗王夜闻金城西始林树间有鸡声，遂将其地命名为鸡林。《新唐书·白居易传》:"居易于文章精切……鸡林行贾售其国相,率篇易一金。"

〔一四〕蹇涩:指文笔不流畅。

〔一五〕罢守:指解除地方官的职务。

〔一六〕粟千斛(hú):一千斛谷子。斛,计量单位,古代十斗为一斛,后改为五斗。《旧唐书·白居易传》:"罢刑部侍郎时,有粟千斛、书一车。"

〔一七〕太湖石:石料名,产于江苏太湖。因风浪冲激形成洞窍和皱褶,形态美观,可造假山、装点庭院。华亭鹤:指华亭(今上海松江一带)的鹤。南朝宋刘义庆《世说新语·尤悔》:"陆平原河桥败,为卢志所谗,被诛,临刑叹曰:'欲闻华亭鹤唳,可复得呼?'"折腰菱:菱的一种,多产于苏州。《旧唐书·白居易传》:"乐天罢杭州刺史,得天竺石一、华亭鹤二以归……罢苏州刺史时,得太湖石五、白莲、折腰菱、青板舫以归。"

〔一八〕悬磬(qìng):悬挂着的磬,形容空无所有、极度贫困。

〔一九〕履道里宅:白居易在洛阳所居处。

〔二〇〕东都:指洛阳。

〔二一〕蓬瀛:蓬莱和瀛洲,神话传说中的仙山。

〔二二〕石浦之阳:公安境内石浦河的北岸。

〔二三〕大江:长江。

〔二四〕鸠巢蜗庐:鸠鸟的巢穴和蜗牛的小屋,比喻非常简陋狭小的居室。

〔二五〕旦暮作鲛人窟：早晚成为鱼人的住所，比喻受到严重的水患威胁。

〔二六〕樊素、小蛮：白居易的家妓。《旧唐书·白居易传》："家妓樊素、蛮子者，能歌善舞。"

〔二七〕《霓裳（cháng）》：即《霓裳羽衣舞》，一种唐代宫廷舞。舞者手执彩带，表现出虚幻缥缈的仙境。

〔二八〕肮（kǎng）脏（zǎng）：高亢刚直的样子。

〔二九〕转喉触讳：指一说话或一写文章就触犯忌讳。

〔三〇〕校书郎：东汉时校勘宫中所藏典籍的官职。这里指微小的文职。

〔三一〕元、刘：指唐代文人元稹和刘禹锡。

〔三二〕牛奇章：即牛弘（545—610）。本姓尞，字里仁。安定鹑觚（今甘肃灵台）人。隋朝大臣，进爵奇章郡公。与白居易生年不接。这里所指应为牛僧孺（779—847）。字思黯。安定鹑觚（今甘肃灵台）人。牛弘裔孙。唐文宗大和时官至同平章事。他曾与白居易交游唱和。

〔三三〕风痹疾：中医指因风寒湿邪入体引起的肢节疼痛或麻木的病症。

〔三四〕七穿八穴：形容领悟道理透彻通畅。

〔三五〕弥勒院：即佛教传说中的兜率天内院。弥勒，菩萨名，即大乘菩萨。《弥勒下生经》说他将从兜率天下凡，在龙华树下继承释迦牟尼的衣钵而成佛。

〔三六〕比来：近来。

〔三七〕参话头：禅宗的修行方法。修行者集中精神对一个字或一句话不断地思索穷究，以达到开悟的目的。

〔三八〕浮解：肤浅不实的认识。

〔三九〕餐钱：古代给一定品级官员的饭食钱。

〔四〇〕金水池：又名金水河，在明清皇宫午门与太和门之间。

〔四一〕黄慎轩：即黄辉，见前《李卓吾》第一篇注。萧玄圃：即萧云举，见前《答汪提学静峰》注。

〔四二〕朔望：朔日和望日，即阴历每月初一、十五。

〔四三〕罪愆（qiān）：过失、罪过。

〔四四〕晨凫夜鲤：野鸭和鲤鱼，这里指日常肉食。

〔四五〕屠门：肉市。曹植《与吴质书》载："过屠门而大嚼，虽不得肉，贵且快意。"

〔四六〕鸾刀：这里指切割牲畜肉的刀，刀环上饰有铃铛。

〔四七〕大人：指袁氏兄弟的父亲袁士瑜。供具：这里指酒食。

〔四八〕辰昏：即"晨昏"，早上和晚上。梵呗（bài）：指佛教作法事时诵念经文的声音。

〔四九〕兰若：梵语"阿兰若"的略称，指寺院。

〔五〇〕姬：侍妾。

〔五一〕解官：辞官卸任。

〔五二〕六时：佛教分一昼夜为六时，即晨朝、日中、日没、初夜、中夜、后夜。这里指整天。行道：这里指研习佛理。

〔五三〕青莲池：佛教信仰中的极乐净土。青莲，佛教认为莲花清净无染，常用以指称和佛教相关的事物。

〔五四〕法眷：佛教语，指共同修行的道友。

〔五五〕嗣续：延续、承继。

〔五六〕净尼：即尼姑。

〔五七〕伊蒲：即伊蒲馔，指僧侣食用的素斋。

〔五八〕护持：保护支持。

〔五九〕王珣（350—401）：字元琳。东晋琅琊临沂（今属山东）人。王维（693—761）：字摩诘，号摩诘居士。唐朝著名诗人。河东蒲州（今山西运城）人。著有《王右丞集》。有诗佛之称。

〔六〇〕赵中令：即赵普（922—992）。字则平。幽州蓟县（今天津附近）人。宋初重要政治人物。曾做过中书令，故称赵中令。

〔六一〕浮屠：佛教语，这里指僧尼。

〔六二〕范龙图：指范仲淹（989—1052）。字希文。北宋重要政治人物。祖籍邠州（今陕西彬州），生于苏州（今属江苏）。曾拜龙图阁直学士。有《范文正公文集》传世。

〔六三〕实语：佛教语，指符合实际、与行为相应的语言。如语：佛教语，指真实不虚的言语。《金刚经·离相寂灭分》："如来是真语者、实语者、如语者、不诳语者、不异语者。"

〔六四〕春宫：即东宫，古代太子居住的地方。明万历二十五年（1597），袁宗道充东宫讲官。

〔六五〕沙市：地名，位于袁宗道的家乡公安以北、长江北岸，今属荆州。

〔六六〕厌薄：厌恶、鄙视。

〔六七〕堰：堵水的堤坝。

〔六八〕敕：命令、吩咐。

〔六九〕董思白：即董其昌（1555—1636）。字玄宰，号思白。明南直隶华亭（今属上海）人。万历十七年（1589）进士。著名书画家。

〔七〇〕解官：万历二十四年（1596）底，袁宏道获准辞去吴县县令之职。

〔七一〕发摘：揭露、举发。

〔七二〕宿蠹：喻指积久的弊政。

〔七三〕剧县：政务繁多的县邑。

〔七四〕折腰：弯着腰行礼，指屈身事人。

〔七五〕詹姑：指三袁的庶祖母詹氏，曾抚养袁宏道成人。

〔七六〕父母：即"父母官"，旧时对地方官的称呼。

〔七七〕醮（jiào）事：指道士所做的斋醮祈祷之事。

〔七八〕广文：广文先生的简称，指清苦闲散的儒学教官。

〔七九〕部属：旧指中央六部，即礼、户、吏、兵、刑、工六部各司署的属官。

〔八〇〕清望：美好的声誉。

〔八一〕量移：这里指职位迁换。

〔八二〕云中老子：指梅国桢，见前《答梅开府先生》注。

〔八三〕卓吾：即李贽，见前《李卓吾》第一篇注。

〔八四〕磊块：指郁积于心中的不平之气。

〔八五〕息机：机心消歇，这里指停止奋斗。

〔八六〕信陵：指魏无忌（？—前243）。战国魏安僖王异母弟，封信陵君。他素有礼贤下士的名声，据说有食客三千人。因为曾经盗兵符救赵，又在赵国居住十年，归魏后因他人谗毁而被魏王忌惮，最终沉湎酒色而卒。

〔八七〕陈思王：即曹植（192—232）。字子建。因生前封陈王，死后谥思，故称。曹植才华横溢，曾受曹操宠爱，因而被曹丕嫉妒，抑郁而终。

〔八八〕平乐之游：指宴饮之乐。语本曹植《名都篇》："我归宴平乐，美酒斗十千。"平乐，汉代宫观名。

〔八九〕朱紫阳：即朱熹（1130—1200）。字元晦，号晦庵，别称考亭、紫阳。南宋理学家。徽州婺源（今属江西）人。著有《四书集注》《朱子语类》《朱文公文集》等。

〔九〇〕陈同甫：即陈亮（1143—1194）。字同甫，号龙川。婺州永康（今属浙江）人。著有《龙川文集》《龙川词》等。

〔九一〕次且：进退迟疑的样子。

〔九二〕辛稼轩：即辛弃疾（1140—1207）。字幼安，号稼轩。南宋著名词人。历城（今山东济南）人。辛弃疾有军事才能，曾参与抗金战争。

〔九三〕王蓝田：即王述（303—368）。字怀祖。东晋太原晋阳（今山西太原）人。袭封蓝田侯。官至尚书令。据南朝刘义庆《世说新语·忿狷》记载，王蓝田性子急，曾经吃鸡蛋时，"以箸刺之"，因未破开而将鸡蛋怒掷于地，用屐齿蹍压，仍没破开，就将鸡蛋捡起放入口中咬碎又吐出。

〔九四〕恺（kǎi）悌（tì）：和乐平易。

〔九五〕场事：指科举考试。

〔九六〕时义：即八股文，又称时文、时艺。

〔九七〕中隽：指乡试中榜。

〔九八〕清令：高洁美好。

〔九九〕白家阿龟：白居易的侄子叫阿龟。这里指代袁宗道的侄子，也即袁中道之子袁祈年。

〔一〇〇〕杜庄竹园：即杜园，是袁氏兄弟年少时读书的场所。袁中道有《杜园记》，收录于《珂雪斋集》卷十二。

〔一〇一〕《名山记》：即《游名山记》，明人都穆撰。

〔一〇二〕举似：奉告。

〔一〇三〕八行：即书信。古人所用信笺多为一页八行，故称。

点评

此信写于万历二十五年（1597），是袁宗道书信中篇幅最长的一篇。此年宗道二子一女俱亡，"一身萧然"，回忆起往年夏天与儿女其乐融融的场景，更感命运的残酷。宗道将自己与白居易作比，白虽无子，却趣高才大，文名远扬，又能坐拥诸多难得之物，所居之宅也风景绝胜，有丝竹之声悦耳，官途顺遂，知己众多，寿命又长，让他自愧不如。他认为自己略能胜过白居易的仅有参禅一事。白居易晚年岁月多付于诗文歌舞中，自己则是苦参，心心念念于了却此事。为积功德，他放生鱼虾鳖蟮，决心往后长素念佛，以卒余生。宗道一生所得无几，却依旧心存善念，这里的缓缓叙述与前段文字对照，更令人心酸。

宗道不善交际，在官场往来中也不得自在。他欲归田，却想起父亲年未六十，归计太早，恐怕父亲不悦，又考虑到补东宫讲读未久，衡量再三而决定暂缓辞官。宗道身为长子，承载着长辈们的期待，但官场仕途与其山林野鹤的向往相悖，他言："不佞疏野之性、丘壑之骨，戒力不坚，轻掷瓢衲，走城市间，如笼鸟槛猿，未尝一刻忘故林。"（《徐惟得》）然而他最终担负起父辈期望踏入官场。宗道在翰林院任职，替天子执笔，性情最为谨慎克制，风格也趋向温和雅平，与人的书信往来多有疏远克制。而这篇文章吐露肺腑之言，极为真挚感人。他在信中侃侃而谈归家之后对居住地的选择：沙市太远，城中残破，只有长安村中的旧居适合栖隐。到时将荷叶山围起来，从乌桕树中开门，以小舟往来其中，再建造佛阁和大士阁。到了日落时分，该多么漂亮啊！宗道考虑得极为细致，屋子的建构、来往的路径和景观的布局都被他考虑在内。就连屋旁的树木，都想到让阿书提前购买，吩咐多种松树、桃、柳，以期快速长成。宗道娓娓道来，颇有些陶渊明式的轻松自然，充满憧憬之情，读来令人泪目。

宗道聊起二人的兄弟袁宏道，宏道性格刚直，不如宗道稳重温和，却在吴县任职时肃清衙门风气，深受百姓爱戴，吴中百姓甚至为他聚于神庙祈祷以为詹姑延寿。宗道为宏道感到高兴，认为有益于百姓便是大功德。进而向三弟叙述对宏道此后仕途的规划，嘱咐三弟将宏道近况告知父亲，莫令其担忧。而后谈到邑中人传来消息说三弟近来常和十数人喝酒，大醉江上。宗道为此十分担忧，引用信陵君和曹植的典故劝慰三弟静养以待时机，不可垂头丧气，自暴自弃。进而夸赞三弟作敦仁会，率诸友讲学，值得嘉奖。通过这些谆谆教诲，他对两个弟弟的爱护之情跃然纸上。

宗道万历二十八年逝世，时年四十一岁，他的作品大多数未能流传下来，在宏道、中道整理付梓的《白苏斋类集》中，此篇尺牍是最具代表性的作品，被《尺牍争奇》《明文海》《晚明小品文选》《晚明小品文库》等诸多选本选入。这篇文章读来真挚恳切，是家书中的经典之作。

又

中郎昔忙今闲〔一〕，我昔闲今忙。人生苦乐乘除〔二〕，大抵如此。十年作太仓雀鼠〔三〕，今得报效，少忏素餐罪过〔四〕，不敢厌劳怨苦也。但年近四十，日起先鸡，玄鬓化白〔五〕，面纹渐多，异日相对，竟是一龙钟老翁矣。韩退之云〔六〕："居闲食不足，从官力难任。两事皆害性，一生长苦心。"〔七〕去住之难〔八〕，从古叹之，可奈之何！

注释

〔一〕中郎：袁宏道。

〔二〕乘除：消长。

〔三〕太仓：古代政府储存粮食的地方。雀鼠：鸟雀和老鼠，比喻白白耗费国家粮食的人，有自谦之意。

〔四〕忏：忏悔。素食：无功受禄、吃白饭。《诗经·魏风·伐檀》："彼君子兮，不素餐兮。"

〔五〕玄鬓：黑色的鬓发。

〔六〕韩退之：即韩愈（768—824）。字退之。唐代著名文学家。河南河阳（今河南省孟州市）人，郡望昌黎。著有《韩昌黎集》。

〔七〕"居闲食不足"四句：出自韩愈《从仕》，写从仕与退居间的徘徊犹豫。害性：伤害本性。

〔八〕去住：去和留，这里指退居与出仕。

点评

此信写于万历二十五年（1597）。上年三月，袁宏道辞去吴县县令职位后清闲下来，而宗道职务繁重，"朝而戴星，夜而篝灯，伏枕安眠，仅得二更"。仕宦是古代文人的追求，宗道"不敢厌劳怨苦"，但伴随着官职而来的繁忙疲惫、官场上尔虞我诈的龌龊，也让人感到厌倦。人未至四十，"竟是一龙钟老翁矣"。宗道引韩愈之言感叹退居与出仕的两难自古皆有，退居则无法承担生活，用尽全力做官却感到难以胜任。这两种状态都会让人处于痛苦之中。韩愈的言论精准地概括了宗道两难的处境，也是他一生内心冲突的症结所在。

答陶石篑〔一〕

《览镜》诸作，绝似元白〔二〕。《五泄》六咏，非坡老不能为也〔三〕。怀弟诸篇俱佳。七言尤胜，"总为儿女谋身易，示有威仪与俗同"，新鲜矫警〔四〕，又为诸句领袖，即日书作简板〔五〕。读令弟妙什〔六〕，便可想见第五风神〔七〕。弟虽不敢望石篑，然令弟则酷类我家小修〔八〕。意欲属和，少酬高雅，然君家兄弟，精锐如林〔九〕，所谓不战而气亦索矣〔一〇〕。

入冬以来，支离枯槁〔一一〕，如鱼去水。幸天怜我寂寞，中郎恰补得京兆授〔一二〕，屈指定有几年相聚。斋头相对，商榷学问，旁及诗文，东语西话，无所不可；山寺射堂〔一三〕，信步游览，无所不宜。足下闻此，得无复动北来兴耶？中郎极不满近时诸公诗，亦自有见。三四年前，太函新刻至燕肆〔一四〕，几成滞货。弟尝检一部付贾人换书〔一五〕，贾人笑曰："不辞领去〔一六〕，奈何无买主何！"可见模拟文字，正如书画赝本〔一七〕，决难行世，正不待中郎之喃喃也〔一八〕。弇州才却大〔一九〕，第不奈头领牵掣〔二〇〕，不容不入他行市〔二一〕。然自家本色，时时露出，毕竟不是历下一流人〔二二〕。闻其晚年撰造，颇不为诸词客所赏。词客不赏，安知不是我辈所深赏者乎！前范凝宇有抄本〔二三〕，弟借来看，乃知此老晚年全效坡公〔二四〕，然亦终不似也。坡公自黄州以后〔二五〕，文机一变，天趣横生，此岂应酬心肠、格套口角，所能仿佛之乎〔二六〕？我朝文如荆川、遵岩两公〔二七〕，亦有几篇看得者，比见《归震川集》〔二八〕，亦可观，若得尽借诸公全集，共吾丈精拣一帙〔二九〕，开后来诗文正眼〔三〇〕，亦快事也。

中郎见弟近作，谬相称许〔三一〕，强以灾梨〔三二〕。兄《五泄》诸作殊佳。《别家诗》九章果是八月寄至，谢公归时〔三三〕，匆匆作书，偶忘及之。诸篇俱力敌《五泄》，三言稍未称。中郎又云僧湛然戒力、见地俱可与君家兄弟谈〔三四〕。二兄不出篱落，得此善友，何得更叹离索乎！老卓住城外数月〔三五〕，喜与一二朦瞳人谈兵谈经济〔三六〕，不知是格外机用耶〔三七〕，是老来眼昏耶？兄如相见，当能识之。

注释

〔一〕陶石篑：即陶望龄，见前《李卓吾》第一篇注。

〔二〕元白：即唐代诗人元稹、白居易。他们重写实，尚通俗，认为诗文应当承担起补察时政的功能。

〔三〕坡老：即苏轼（1037—1101）。字子瞻，号东坡居士。北宋重要文学家。眉州眉山（今属四川）人。嘉祐二年（1057）进士。官至礼部尚书。后世辑有《苏文忠公集》。

〔四〕矫警：雄健机警。

〔五〕书作简板：即将诗句书写在木板上以便欣赏模仿。

〔六〕令弟：是对陶望龄弟弟陶奭龄的尊称。陶奭龄（1571—1640）：字君奭，一字公望，号石梁，又号小柴桑老。明浙江会稽（今绍兴）人。万历三十一年（1603）举人。曾官吴宁知县。著有《小柴桑喃喃录》等。妙什：美好的诗篇。

〔七〕第五风神：像唐杜牧那样的才华与风调。据《唐摭言》，杜牧入试时，吴武陵见到他的《阿房宫赋》，极力为他争取状元，但因为名满，只争得了第五名。

〔八〕酷类：非常像。

〔九〕精锐如林：比喻精力锐气很多。

〔一〇〕气索：泄气。

〔一一〕支离枯槁：憔悴、衰弱。

〔一二〕京兆授：指万历二十六年（1598）春袁宏道由江南抵京补顺天府学教授事。

〔一三〕射堂：泛指游览处所。

〔一四〕太函：即汪道昆（1525—1592）。字伯玉，又字玉卿，号南溟、太函。明南直隶歙县（今属安徽）人。嘉靖二十六年（1547）进士。著有《太函集》《太函遗书》《大雅堂杂剧》等。他崇尚复古，与王世贞并称"南北两司马"。燕（yān）肆：指京城的书肆。燕，古国名，今北京一带。

〔一五〕贾（gǔ）人：商人，这里指书商。

〔一六〕不辞：不推辞。

〔一七〕赝（yàn）本：指伪托名家手笔的书画、碑帖、刻本等。

〔一八〕喃喃：低声说话。

〔一九〕弇（yǎn）州：指王世贞（1526—1590）。字元美，号凤洲，又号弇州山人。明南直隶太仓（今属江苏）人。嘉靖二十六年（1547）进士。官至南京刑部尚书。著有《弇山堂别集》《弇州山人四部稿》《嘉靖以来首辅传》《觚不觚录》等。他与李攀龙、徐中行、梁有誉、宗臣、谢榛、吴国伦合称"后七子"。王世贞早年主张"文必秦汉，诗必盛唐"，晚年文学思想有所改变。

〔二〇〕头领：这里指李攀龙（1514—1570）。字于麟，号沧溟。明山东历城（今济南）人。嘉靖二十三年（1544）进士。官至河南按察使。著有《沧溟集》。他是"后七子"的领袖人物，倡导文学复古运动，主持文坛将近二十年，影响深远。

〔二一〕行市：市面上商品的一般价格，这里指当时文坛上盛行的拟古风气。

〔二二〕历下一流人：指李攀龙等人。李攀龙是山东历城人，是推崇拟古文风的代表人物。

〔二三〕范凝宇：即范醇敬。明四川乐山人。万历十一年（1583）进士。历任翰林庶吉士、少詹事兼翰林院侍读学士。

〔二四〕坡公：即宋代文学家苏轼，见前注。

〔二五〕黄州：今湖北黄冈。宋神宗元丰二年（1079），苏轼因乌台诗案被贬至黄州。黄州城外有赤鼻矶，苏轼曾于此地作前后《赤壁赋》。

〔二六〕仿佛：这里是比拟的意思。

〔二七〕荆川：即唐顺之（1507—1560）。字应德，号荆川。明南直隶武进（今江苏常州）人。嘉靖八年（1529）进士。官至右佥都御史。著有《荆川集》《荆川稗编》《两汉解疑》等。他是唐宋派代表人物。遵岩：即王慎中（1509—1559）。字道思，号遵岩居士，后号南江。明福建晋江人。嘉靖五年（1526）进士。官至河南参政。著有《遵岩集》《王参政集》《王遵岩文选》《远芳堂摘稿》等。他也是唐宋派代表人物。

〔二八〕《归震川集》：是明代文学家归有光的散文集。归有光（1506—1571），字熙甫，号震川。明南直隶昆山（今属江苏）人。嘉靖四十四年（1565）进士。官至南京太仆寺丞。著有《归震川集》《诸子汇函》《文章指南》等。归有光也是唐宋派中坚力量。

〔二九〕吾丈：指陶望龄。帙（zhì）：量词，古代线装书的一套。

〔三〇〕正眼：即"正法眼藏"，佛教语。朗照宇宙谓眼，包含万有谓藏，是禅宗以心印心的法门。后来比喻事物的要旨。

〔三一〕谬相称许：指他人对自己的称赞，是自谦之词。

〔三二〕灾梨：使制作书版的梨木遭灾，指刻印无价值的书。这里是对自己著作的谦词。

〔三三〕谢公：或即谢宛委，见前注。

〔三四〕湛然：即圆澄（1561—1626）。字湛然，号散水道人。明浙江会稽（今绍兴）人。著有《云门湛禅师语录》等。戒力：佛教语，指守持戒律的功力。见地：见识、见解。

〔三五〕老卓：指李贽，见前《李卓吾》第一篇注。

〔三六〕朦瞳（tóng）：模糊不明的样子。这里指蒙昧糊涂的人。经济：经世济民，有现实社会功用的学问。

〔三七〕机用：佛教语，指用言语无法描述的微妙证悟，用心施于学者。

点评

此信写于万历二十五年（1597），是袁宗道笔下稀见的涉及文坛评论的书信。文中写宗道、宏道不满汪道昆等人的模拟文字，将模拟文字斥为"赝本"。信中又言及晚明文坛事态，道出王世贞加入复古阵营是受李攀龙的牵制，又言王世贞晚年效仿苏轼，却"终不似也"，而近来唐顺之、王慎中的文章却颇为可读。从中可见宗道的文学思想倾向。

袁小修

报伯修兄

弟出都凡三月,始抵吴门。蒋兰居相邀[一],晤于西湖,至潘雪松小桃园同住半月[二]。所谓仙者甚谬,盖灵鬼也。鬼因弟至,颇进熟相唊,弟深厌之。何物老魅,妄称上仙,可恨!然世间事,定须亲见一回,不然终不了然。

弟回家,于门外遇小儿子,都不相识,相向而揖,可发大笑。比入村中,荷叶山老树枝干皆秃[三],嘤鸣馆已将颓[四],苔钱满地。不知吾兄弟何日复遂夜床听雨之乐也。

中郎官声甚美,吴中皆云数百年无此令,而以病疟未出者累月。弟尝谓中郎明胆具足,实有用世之具,而天性慵懒,置之山水间则快,而置之朝市中则神情愀然不乐[五]。迩来之病,弟前在吴时已略知之,不待今日也。韩昌黎有言[六]:"逆而行之,必发颠狂。"不若弃去,解一闲散为妙。身与官孰亲?已与大人商之,大人亦以为然。

弟今年廿七岁矣,功名抑塞不酬,下帷徒劳,颇有一发不中则息机之意。聊借尊罍以耗壮心而遣盛年,岂能同古人之韬精沉饮者哉[七]!弟尝谓天下止有三等人:其一等为圣贤,其二等为豪杰,其三等则庸人也。圣贤者何?中行是也[八]。当夫子之时,已难其人矣。不得已而思狂狷,狂狷者,豪杰之别名也。邹鲁之间,不知庸人凡几,夫子未尝以传道望之,而独不能忘情于禽张、曾晳、木皮辈[九],夫子之眼目,岂同于世之碌碌者哉?居今之时,而直以圣贤之三尺律人,则天下岂有完人?反令一种乡愿[一〇],窃中行之似,以欺世而盗名;而豪杰之卓然者,人不赏其高才奇气,而反摘其微病小瑕,以挤之庸俗人之下。此古今所浩叹也。即如古今相天下者,无毁无誉,小心谨慎,保持禄位,庇荫子孙,此皆庸人作用;若豪杰者,挺然任天下事,而一身之利害有所不问,即丰棱气焰未能浑融[一一],而要之不失为豪杰。如张江陵[一二],犹是豪杰手段,未可轻也。若弟辈者,上之不敢自附于圣贤,而下之必不俯同于庸人。马肆骇龙,鸡群疑凤,世眼自应尔,而岂所望于具只眼者哉!此番如不得意,即南山之南、北山之北,尽可逍遥度日;不然,一瓢一笠,流浪江湖,不大落莫也。

龚外祖祭文已成[一三],送奠轴去矣。追思同游石洲,舞拳光景，岂可复得哉！五月内，大水几决江堤，近日又复崩数十丈，不三五十年无公安矣。兄前议欲迁澧州〔一四〕，其实澧州城极狭，觅一可居之宅亦甚难。鼎州又太远〔一五〕。以意度之，不若于长安村祖屋基上治宅，兄弟栉比而居〔一六〕。此间树如邓林〔一七〕，田同好畤〔一八〕，塘中既富菱芡，湖上复饶鱼虾，族中尚有两三忘机之老可以晤言。他年功成归来，即同摩诘辋川、渊明栗里矣〔一九〕，何必他求！说者止虞偷儿耳，然如兄一官清贫之甚，宁有积蓄？至如弟辈者，虽以十二幅长柬请之来，亦不来也。此议既定，便可令人种树栽竹，度兄宦游尚可十年，十年后竹树已蓊郁矣〔二〇〕。此间车湖风景最佳〔二一〕，水中之洲若再加数丈，以石捍之，作一圆蕉其上，以此积雪千顷，供养心脾最快。今已作一疏，会一僧募石。兄有俸寄数金，以助成可也。人便偶尔喃喃，不一。

注释

〔一〕蒋兰居：蒋时馨（1548—？），字德夫，号兰居。明福建漳平人。万历五年（1577）进士。历官江西新喻、湖北嘉鱼县令，吏部考功郎、文选司郎中，赠太常少卿。

〔二〕潘雪松：即潘士藻（1537—1600）。字去华，号雪松。徽州婺源（今属江西）人。万历十一年（1583）进士。曾任南京吏部主事。有《阒然堂集》。下文叙其扶乩事。

〔三〕荷叶山：袁中道公安故乡城西的一座小山。

〔四〕嘤鸣馆：应为袁氏兄弟家中的一处馆舍。馆名取求友之意。《诗经·小雅·伐木》："嘤其鸣矣，求其友声。"

〔五〕愀然：形容脸色突然变得严肃或不愉快。

〔六〕韩昌黎：即韩愈（768—824）。字退之。河内河阳（今河南孟州）人。唐代文学家、政治家。古文运动的发起者，唐宋八大家之一。著有《韩昌黎集》等。

〔七〕韬精沉饮：掩藏才华，沉迷于饮酒。

〔八〕中行：行为合乎中庸之道。语出《论语·子路》："不得中行而与之，必也狂狷乎？狂者进取，狷者有所不为也。"

〔九〕禽张、曾晳、木皮辈：典出《孟子·尽心下》："如琴张、曾晳、牧皮者，孔子之所谓狂矣。"琴张，即孔子弟子子张。子桑户死，琴张临其丧而歌，事见《庄子》。曾晳，孔子弟子。季武子死，曾晳停其门而歌，事见《礼记·檀弓》。木（牧）皮，其人不详。

〔一〇〕乡愿：指乡中貌似谨厚而实与流俗合污的伪善者。语出《论语·阳货》："子曰：'乡愿，德之贼也。'"

〔一一〕丰棱：仪态威严。

〔一二〕张江陵：张居正（1525—1582）。字叔大，号太岳。明湖广江陵（今湖北荆州）人。明朝政治家。嘉靖二十六年（1547）进士。官至内阁首辅。辅佐明万历皇帝朱翊钧进行"万历新政",史称"张居正改革"。

〔一三〕龚外祖:指龚大器(1513—1596)。字容卿,号春所。袁氏兄弟的外祖父。明湖广公安(今属湖北)人。官至河南布政使。

〔一四〕澧州:今湖南澧县。

〔一五〕鼎州:今湖南常德。

〔一六〕栉比:像梳齿那样密密地排列着。

〔一七〕邓林:古代神话传说中的树林。

〔一八〕好畤(zhì):古地名,今陕西乾县一带。《汉书·陆贾传》:"孝惠时,吕太后用事,畏大臣及有口者。贾自度不能争之,乃病免。以好畤田地善,往家焉。"后以"好畤田"喻指归耕的田园。

〔一九〕摩诘辋川:王维的隐居地辋川,位于今陕西蓝田一带。《新唐书·王维传》:"地奇胜,有华子冈、欹湖、竹里馆、柳浪、茱萸游、辛夷坞。与裴迪游其中,赋诗相酬为乐。"渊明栗里:陶渊明的隐居地栗里,在江西九江一带。

〔二〇〕蓊郁:形容草木茂盛或浓密,浓郁。

〔二一〕车湖:湖名,位于荷叶山周边不远处。

点评

万历二十四年(1596),袁中道致信时为东宫讲官的长兄,说自己从京城出发,一边游玩一边行路,三个月后才抵达吴县一带,并诉说自己的所见所闻,以及与友人相聚的情形。他讲到自己回家见到小儿子的趣事：父子不相识，在门外互相作揖。由此可以看出他是从吴地回到公安后给长兄写这封信的。

袁中道在信中简单地描述了家乡景致："荷叶山老树枝干皆秃，嘤鸣馆已将颓，苔钱满地。不知吾兄弟何日复遂夜床听雨之乐也。"

信中谈到二哥宏道的身体状况和官场去留问题，看来是请长兄作最后定夺。二哥官声很美，吴县人都说几百年没有这么好的县令了。可是他患疟疾，病情很重，时而高烧，时而发冷发抖，已经几个月没出门了。自己曾经说过中郎兼具聪明和胆识，实在是用世之才，可是他天性慵懒，置身山水间就快活，置身朝廷和城市里就忧郁不乐。韩愈说过："逆而行之，必发癫狂。"不如让他弃去官职。关于此事，自己已和父亲大人商量了。

信中接着谈中道自己：今年已经二十七岁了，科考总是不顺，因而产生再考最后一次，若不中就算了的想法。现在姑且借酒醉来消磨自己的壮心，排遣盛年。他认为天下人可分为三等：第一等是圣贤，第二等是豪杰，第三等是庸人。狂狷，是豪杰的别名。然而对于才能杰出者，寻常人往往不能理解他的高才奇气，反过来指摘他微小的毛病，把他排挤至庸人之下。现在位高权重的人，无毁无誉，小心谨慎，保住官位，庇荫子孙，这些都是庸人的做法。如果是豪杰，以天下为己任，自身的利害有所不顾，却往往不能见容于俗人，就如同张居正这样。而像自己这样的人，上不敢自比于圣贤，下不愿混同于庸人。这次科考如不遂愿，自己就到山林僻处，逍遥度日。再不然，一只水瓢、一顶斗笠，流浪江湖，也不觉失落。

他和长兄讲了自己的志向,也暗示了一些人对自己的不理解。另外,他还写到了对张居正的钦佩之情,这在当时是不合时宜的。或可看出袁中道耿直的性格和独立思考的勇气。

信的结尾处又回到谈家乡亲人、谈兄弟归隐相聚等。写到外祖父祭文完稿了,又回忆起同游彩石洲的情景。信中还谈到五月里公安的大水,对亲人的人身财产安全表示了担心。

这封信涉及人事较多,但袁中道一件件娓娓道来,均是真情流露。

寄李龙湖〔一〕

中道,楚腐儒也。长营笺疏,无复远志;茧守一室,空怀汗漫。先生今之李耳〔二〕,相去非遥,而自远函丈〔三〕,深为可愧。秋初有丈夫紫髯如戟〔四〕,鼓棹飞涛而访先生湖上者,此即袁生也。不揣愚昧,敢以姓名通之先生。

注释

〔一〕李龙湖:李贽(1527—1602)。字宏甫,号卓吾,别号温陵居士、百泉居士等。明福建泉州人。思想家、文学家,泰州学派宗师。嘉靖三十一年(1552)举人。历共城教谕、国子监博士、姚安知府。后弃官，寄居湖广麻城（今属湖北）芝佛院。终被诬下狱，自刎于狱中。

〔二〕李耳：即老子（约前571—前470）。姓李，名耳。春秋时期楚国苦县（今河南鹿邑一带）人。哲学家、思想家，道家学派创始人。

〔三〕函丈：原指讲学者与听讲者坐席之间的一丈相距，后引申为对前辈学者或师长的敬称。此处指李贽。

〔四〕戟：古代的一种兵器，长柄一端装有枪尖，旁边附有月牙形锋刃，可以直刺和横击。

点评

袁中道对自我形象的刻画："秋初有丈夫紫髯如戟，鼓棹飞涛而访先生湖上者，此即袁生也。"气概豪迈。

李贽是王学左派代表人物。六祖慧能是禅宗代表人物，他主张人人皆有佛性，讲求顿悟之学，不注重形式，受到社会中下阶层的欢迎。心学代表人物陆九渊、王阳明吸收了禅宗人人皆可成佛的理念；心学后学李贽反对"以孔子之是非为是非"，继承了王畿"最初一念之本心"的理论，提出了"童心说"，反对理学空谈，提倡功利主义、实用主义。心学与禅宗的相通之处在于肯定人的独立性，认为外物或天道等因素不能改变人的主体地位。这也是王阳明得以借禅宗思想来重新架构儒家学说理论体系的重要原因之一。

袁氏三兄弟一生景仰李贽，在思想上深受李贽影响。书牍中，中道自称是一个楚地迂腐的读书人,像作茧的蚕一样,守在自己的居室内,不出远门。但对于"相去非遥"的"今之李耳",却不可不拜访,遂提前通报了秋天将登门求见的计划。

答开府梅衡湘[一]

庞居士有言[二]:"护生须是杀,杀尽始安居。"[三]古人种种方便,皆杀机也。或于经教上杀,或于无义语上杀[四],或于人情事变上杀。杀得不留遗种,方是安居消息。今安然豢贼于家,以贼为子,何时宁谧也!只如向来明白处俱是贼,不可冒认。承下问,僭效一得,亦邸中腊月扇耶[五]。

注释

〔一〕开府:有权建立府署并自选随员的官员。明清时期为对总督、巡抚的尊称。梅衡湘:即梅国桢(1542—1605)。字克生,号衡湘。明湖广麻城(今属湖北)人。万历十一年(1583)进士。官至兵部右侍郎、宣大总督。著有《西征集》《西征疏草》《燕台遗稿》等。

〔二〕庞居士:庞蕴。字道玄。唐代著名居士。襄阳(今属湖北)人。父亲曾任衡阳太守,家巨富。他跟随马祖道一学法，建庵修行，全家得道，后舍庵下旧宅为寺。

〔三〕护生须是杀，杀尽始安居：庞蕴有偈："护生须是杀，杀尽始安居。会得个中意，铁船水上浮。"意思是说，要明心见道，必须"杀妄念"，杀绝杀尽才可得佛性禅心的"安居"。明白了这个道理，"铁船"就可以"水上浮"了。

〔四〕无义语：佛教语，谓无益之事。《维摩诘经·香积佛品》："是无义语，是无义语报。"

〔五〕腊月扇：腊月的扇子，喻指不合时宜、没有用处的事物。

点评

此札是袁中道与好友梅衡湘潜心参禅、勤于杀除妄念，以期明心见性的一个写照。

晚明文学思潮的发展变化与明代佛学趣味"由禅入净"的转变有着密切的关系。禅宗与净土宗是大乘佛教的两个重要派别。禅宗主张平息内心，集中精神，排除杂念，按照佛教的立场和义理进行思考，去恶为善，以期得到精神上的解脱。相对而言，禅宗对修行者个人的悟性要求很高，形式简单，而内涵复杂。净土宗却与之相反，注重念佛、修持，认为修行者只要严格遵守佛教的清规戒律，身体力行，便可达到修行的目的。在佛教传播的过程中，"明心见性"思想与"唯心净土"思想日渐融合，"禅净合流"成为晚明佛教思想的主流。

答陶石篑〔一〕

伯修不意一旦至此！生死生人之常，但恨死得太蚤，资粮恐未全办耳。伯修于参学信解已久，即不能如杨大年、张无尽之彻底干净〔二〕，其于为白乐天、李汉老之流有余矣〔三〕。兼之数年以来，用力修行，或不至隳落。然亦大可怖也。

自初丧以来，家中寂寞之景，殆不忍言。身后仅有一遗腹，七月而字，复不育，血胤从此遂绝〔四〕。三孀号哭，肠为之断。作官十五年，尚有千金之债，归去又无一宅可居。嗟乎！此千金之债，生时既不能还，岂终一笔勾销耶？言及至此，人生果何利于官，而必为之乎？其为不幸中之幸，则以生时用佛法熏习家人，三孀皆学道；又兄弟中子息皆艰难，弟亦仅有一子〔五〕，今年十一岁矣，从嫂氏之命，立以为后，亦忠厚慈仁，或可恃以养老。彼逝者脱然而去矣，后死者之苦，殆未可言也。

念愚兄弟，数年以来，彼此慈爱，异常深重，如左右手，不能相离。自入都门，两日不见，则忽忽若有所失；一时相聚，载欢载笑。中郎仕进之念渐已灰冷。弟亦惟以去年了场屋事还山[六]。伯修作事,期于妥当,姑欲留此一年,斟酌情境,乃可言去。其算记南还,亦未尝出今年之外。方欲共结白莲之社[七],共享清净之乐,不意命与愿违,倏忽即去。哀哉,痛哉!自闻讣以后,忽忽如痴,惟觉肠中有如针札。昔迦叶、阿难结集[八],首唱"如是我闻",皆云昨日见佛,今日已云我闻,莫不陨泪痛哭。彼断结声闻[九],不能忘情于去来,况我辈乎!料理后事,悉黄慎轩居士[一〇],尽心尽力,可无遗憾。若非此公,则其苦亦有不忍言者矣。

生死之际,甚不易言。不知近日居士何作工夫?果于经论上参耶[一一],抑于公案上参耶[一二]?果泛泛参耶,抑专提一句话头耶[一三]?当提话头之时,果能发起根本疑情,如一人与万人敌否耶?果能不为昏沉妄想之所夺耶?果能废寝忘餐,兀兀如死人相似否耶?如大慧所云"啐的折,爆的断"[一四],已到耶,未到耶?古人有云"大死之后大活"者,果如何而谓之大死耶,如何而谓之大活耶?二六时中[一五],既不参禅,此一种妄想业识如何打发耶?若纵之,则拨无因果;若制之,则又止动归止,止更弥动。不纵不制,而能大休大歇[一六],有念而无念,是何景象耶?愿居士明以教我。

赵州云："老汉行脚，除粥饭二时，是杂用心。"〔一七〕夫赵州之智慧不为劣矣，其行脚参禅之期不为不久矣，遇人不为不多矣，用功又如此其专也。今之学道者，二十以前不知有学；二十以至四十，为功名，为诗文，为应酬，为好色，为快活，其杂用心处何多也？偶于一机境见些光景〔一八〕，即强附于理须顿悟〔一九〕，舍理行而修事行〔二〇〕。何古人之难而今人之易也？此弟之所大惑也。

注释

〔一〕陶石篑：即陶望龄（1562—1609）。字周望。明浙江会稽（今绍兴）人。万历十七年（1589）进士。官至国子祭酒。著有《水天阁集》《歇庵集》。

〔二〕杨大年：即杨亿（974—1020）。字大年。北宋文学家、史学家。建州浦城（今属福建）人。留心于释典禅观之学，著有《杨文公集》，编有《西昆酬唱集》，主持修纂《册府元龟》。张无尽：即张商英（1043—1121）。字天觉，号无尽居士。宋蜀州新津（今属四川）人。英宗治平二年（1065）进士。留心内典，尝著《发愿文》云："思此世界，五浊乱心。无正观力，无了因力。自性唯心，不能悟达。谨遵释迦世尊金口之教，专念阿弥陀佛，求彼世尊愿力摄受。待报满时，往生极乐，如顺水乘舟，不劳自力而至矣。"

〔三〕白乐天：即白居易（772—846）。字乐天，号香山居士,又号醉吟先生。祖籍山西太原,生于河南新郑。唐代诗人、文学家。晚年的白居易基本在洛阳的履道里第度过,与刘禹锡唱和,时常游历于龙门一带。笃信佛教,为僧如满之弟子。李汉老:即李邴(1085—1146)。字汉老。济州任城(今山东济宁)人。北宋诗人。曾任兵部侍郎,兼直学士院。卒谥文敏。著有《草堂集》。

〔四〕血胤:指子孙后代。

〔五〕一子:指袁中道之子袁祈年。他被过继给袁宗道为后嗣。

〔六〕场屋:科举考试的地方,又称科场。

〔七〕白莲之社:东晋僧人慧远所结的社团。后代指文人禅社。

〔八〕迦叶、阿难:释迦摩尼的弟子与常随侍者。迦叶饱经风霜,阿难年轻聪敏。他们谨记佛陀的一言一行。结集:又称集法藏,有等诵、合诵、会诵的意思。

〔九〕声闻:佛教术语,指亲自听闻师尊讲学。

〔一〇〕黄慎轩:即黄辉(1555—1612)。字平倩,又字昭素。明四川南充人。万历进士。终官少詹事。与莲池大师、妙峰彻庸大师以及袁中道兄弟在佛理上多有交流。

〔一一〕经论:指佛教三藏中的经藏与论藏。

〔一二〕公案:禅宗术语,指前辈祖师的言行范例。

〔一三〕话头:禅宗术语,指所参究的现成语句。

〔一四〕大慧:即宗杲(1089—1163)。俗姓奚,字昙晦,号妙喜、云门。宋宣城（今属安徽）人。圆悟克勤的得意弟子。

〔一五〕二六时：即十二时，整日整夜。

〔一六〕大休大歇：禅林用语，谓拂除一切思虑分别，脱却迷妄，住于大安乐之境界。

〔一七〕赵州：指从谂。唐代高僧。南泉普愿禅师弟子。因其住持于赵州观音院，传扬佛教，不遗余力，时谓"赵州门风"。

〔一八〕机境：佛学用语，指禅师相机而设的勘验学禅者的方法，如提问、下一转语、棒喝、扬眉竖目、拳打脚踢等，成为一种内含机用的境相，故名。

〔一九〕顿悟：佛教术语，指不借助于时间和固有顺序，直接悟入真理。

〔二〇〕理行、事行：佛学术语，分别指从禅理的层面的进入和禅行的方面的进入。强调禅的理论和实践的并重。

点评

袁中道兄弟三人本打算"结白莲之社，共享清净之乐"，没想到袁宗道突然去世。前半部分，主要叙述袁宗道去世后，家中光景艰难，袁宗道遗腹子早殇，还欠了大笔外债，黄慎轩帮忙料理后事，袁中道又将小儿子过继给大哥，使之后继有人等等。后半部分，袁中道由兄长的去世，引申到对参禅修行的思考。他向陶石篑请教不同的修行方式，并对当时人的"舍理行而修事行"提出了疑问。

答陈布政志寰〔一〕

弟侥幸得附贡籍〔二〕，原出望外。至仁兄云："家廷郁拂之后，借此上慰尊人。"此语非情均骨肉者不能言也。弟于世缘已矣，乃不忍见大人之郁郁也，而帅两弟作文以娱之，家大人即色喜，故苦心一载，遂得借手以报。弟自信弟之作举业，即净业也〔三〕，即菩萨行也〔四〕，仁兄亦信之否？

承问及日来行持，弟谓学道只以见性为主，见性只以参求为主，此外可不论也。至于专修净业，必山中清闲无事之人为之，作官时可不必耳。净业必舍尘劳，尘劳又难卒舍。是以作官又欲弃官，归家又欲弃家，而因缘已定，又欲弃而不能弃，即此身已无处站立矣。与其舍尘劳求净业，不若即尘劳为净业。如仁兄作官清廉，不揩民财，此非净业乎？一念不忍之念，常欲使之得所，此非净业乎？随事随地，随力随心，逐处可行方便，此非净业乎？塞上多虞，宽一分受赐一分，至于调停得法，深忧预防，无生事，无启衅，使无血膏草野之苦〔五〕，此非净业乎？必以持珠念佛为净业，而以此非净业，此等见识真井蛙也。愿仁兄一心作官,作一日官,即是一日净业,但问发心如何耳。若从身家上起念,即大成小;若从度人上起念,即小成大。此千古大乘大人之学,断断乎不能易也。

阳明先生[六],乘大愿力之菩萨也。当时南征北剿,迄无宁时,以净业视之,若不相蒙矣;然谓之非菩萨行,非净业也,可乎?龙溪此等脉络见得极明,到今日几成冷地矣。近日修净业者,汲汲乎厌其官而欲去之;及至于家,则又有父母、妻子、儿女等事相绊,不能修矣,未几而又出而为官矣。皆是舍世缘求净业之病也。其实父母、妻子、儿女、宗族、奴仆,处置得宜,令无失所,皆净业也,到此纤毫不必移动矣。出也可,处也可;忙也可,闲也可。至简至易,至妥至贴。此即弟近日见地、近日行持。

至于参求一事,亦随处可以参求,只于人情事变内讨探天机。

知仁兄生死心切,弟敢悉心搜露,云中无友,聊以当乙夜之清话耳[七]。家兄襄事久毕[八],承盛奠家舅,俱举行矣。老父如常。家兄居家甚潇洒快活,与数衲子激扬宗乘[九],亦不专修净业也。家夹山舅并寿亭舅[一〇],

俱下世矣。人命可叹，可叹！承分俸过厚[一一]，谢谢，有便尚容致书。

注释

〔一〕陈志寰（1559—?）：名所学，字正甫，号志寰。明湖广景陵（今湖北天门）人。万历间进士。官至户部尚书。著有《松竹园集》。布政：布政使。明代分全国为两京十三布政使司，布政使司的行政长官为布政使。

〔二〕贡籍：会试中式者的身份。

〔三〕净业：佛教语，清净的善业，通常指净土宗的修习。

〔四〕菩萨行：佛教术语，意谓像菩萨一样的自利利他、自觉觉他、自度度他的行为。

〔五〕血膏草野：血流到草野之中，使草野变得肥沃。比喻百姓付出生命和血汗。膏，使……肥沃。

〔六〕阳明先生：即王守仁（1472—1529）。字伯安。明浙江余姚人。其学称阳明学派。有《王文成公全书》。弘治十二年（1499）进士。官至南京兵部尚书。谥文成。

〔七〕乙夜：二更时候，约为夜间十时。

〔八〕襄事：成事，这里指下葬。《左传·定公十五年》："葬定公，雨，不克襄事。"杜预注："雨而成事，若汲汲于欲葬。"

〔九〕宗乘：各宗所弘之宗义。乘，佛教用语，指佛教的教派或教义。

〔一〇〕夹山舅：指龚仲敏，别号夹山。寿亭舅：指龚仲庆，字惟长，号寿亭。

〔一一〕分俸：分出俸禄，指出资相助。

点评

此信是袁中道写给陈志寰的，主要讲述了自己考取进士的情况以及近日的修持、见地："弟谓学道只以见性为主，见性只以参求为主，此外可不论也。""与其舍尘劳求净业，不若即尘劳为净业。"又以王阳明为例证，说明学道和事功并不冲突。结尾提到长兄和两名舅父的去世，增添了凄凉之意。

寄同学

近日于事变内，稍得些快活消息时，诸公有谓作官妨道者。弟谓既已见宰官身〔一〕，不必更学沙门事，但此心与天下痛痒，实实相关，随其所居之位，留心济人利物，即是大功德，是菩萨行也。若愿行止于一身〔二〕，即日念佛持戒，止是人天有漏之因；若愿行在天下，即终身做官，出入尘劳，亦是青莲种子〔三〕。此处断断乎不疑也。不绝欲亦不纵欲，不去利亦不贪利，不逃名亦不贪名，人情内做出天理来。此理近道学腐套，然实是我辈安身立命处也。

> 注释

〔一〕宰官身：原指观世音菩萨的三十三身之一，作大官僚相。这里指官员身份。

〔二〕愿行：佛教术语，指誓愿与修行。

〔三〕青莲种子：喻指佛性，即觉悟成佛的可能性。

> 点评

有人认为做官妨碍修行，袁中道却不以为然。他认为"此心与天下痛痒，实实相关"，并由此区分出"愿行止于一身"和"愿行在天下"。只要不绝欲亦不纵欲，不去利亦不贪利，不逃名亦不贪名，即使做官也无妨。强调在人情中体悟天理，并以此找到自身安身立命之方法。

与梅衡湘〔一〕

久不获通候明公〔二〕，然近尝于酉卿处知动定〔三〕。数年来俗态纷纷，乃明公静而观之，真所谓"长安虽闹，我国晏然"者也。此乃不动声色，而措天下于泰山之安手段，非真实学问何以有此。自秃翁去后〔四〕，绝无可与言者。近日京师有志者，都向事相上理会〔五〕，所谓入微取证一脉殆将绝矣〔六〕。

念公尝周旋否？虽无老成人，尚有典刑〔七〕，中郎虎贲自可念耳〔八〕。生侥幸一举，可渐了书债，不知今年作何景象，自觉心疏胆薄，终亦无益于世。悔往者亲遇至人，不能细心窥其机用之妙〔九〕，用世出世，都成当面蹉过，良可叹也！

注释

〔一〕梅衡湘：即梅国桢，见前《答开府梅衡湘》注。

〔二〕明公：古代对有地位、声望者的尊称。

〔三〕西卿：即李长庚（1573—？）。字西卿，号孟白。明湖广麻城（今属湖北）人。李正芳族孙，梅国桢女婿。万历二十三年（1595）进士。官至吏部尚书。

〔四〕秃翁：指李贽（1527—1602），见前《寄李龙湖》注。

〔五〕事相：佛教用语，指有形象可以看到的事物。

〔六〕入微取证：心学的参悟方法，指在不易觉察处思考明白。

〔七〕典刑：通"典型"，指可以依从的范例、榜样。

〔八〕中郎虎贲：指两个人相像。中郎指东汉蔡邕，他与一名武士面貌相像。虎贲，勇士。《后汉书·孔融传》："（孔融）与蔡邕素善。邕卒后，有虎贲士貌类于邕，融每酒酣，引与同坐,曰:'虽无老成人,且有典型。'"

〔九〕机用:佛教术语,谓玄机妙用。

点评

袁中道认为,自从李贽去世之后,"入微取证"的心学一脉断绝,众人只在"事项"上体悟。一方面叹息心学之不传,一方面又对梅衡湘能够静心体悟表示钦佩。此时袁中道已经中举,他不仅反思了自己的修行,也表达了自己不能再向李贽请教的遗憾。

答苏云浦〔一〕

别后两日,王髯遂以一刹那赴阎君之召〔二〕,酒席上遂少一赏鉴人矣,真为可叹!前月下江边,习习作雄吞状。人命脆薄如此,转令吾辈益怕死耳。

小园东畔,折去草舍,以湖上瓦亭子立其上。梅枝结屈,向隐于茅屋之上者,今皆舒出,作蛇龙攫搏之势〔三〕。明岁已拟枯坐其下〔四〕,远游又将渐止耳。

马元龙有字来〔五〕,云黄慎轩已拟司成〔六〕,为省中所弹,今改用人矣。其弹状大约为其结社谈禅也。中郎已决栖山之志,弟度之未始非计也。亡嫂又以此月之末,附葬先垄。腊月之约,将无虚耶?此时小园梅花盛开，驺从至公安聚谭数日〔七〕，亦是快事。竹中忽得此一只癯鹤〔八〕，嘹亮数声，令人神骨皆清。拟作一诗奉酬，匆匆未成，容嗣致也〔九〕。

注释

〔一〕苏云浦：即苏惟霖（生卒年不详）。字云浦，号潜夫。明湖广潜江（今属湖北）人。万历二十六年（1598）进士。官至监察御史。云浦与宏道交往甚深，宏道殁后，云浦择袁宏道次子岳年为婿，又聘宏道长女为侄媳。

〔二〕王髯：所指不详。

〔三〕攫搏：谓鸟兽以爪翅猎物。

〔四〕枯坐：无所事事地坐着。

〔五〕马元龙：江苏溧阳人，万历年间中举。余不详。

〔六〕黄慎轩：即黄辉，见前《答陶石篑》注。司成：指国子监祭酒之职。

〔七〕驺从：骑马的侍从，这里指带着侍从。

〔八〕癯鹤：清瘦的鹤，这里指苏惟霖。

〔九〕嗣致：稍后寄去。

点评

袁中道在信中讲了三层意思：第一层是由好友王髯的去世，引出对生命脆弱的慨叹。第二层是呈露自己的心志，表示不再远游，将在梅花树下专心参禅。第三层是转述来自好友马元龙的消息，黄辉因结社谈禅而遭到弹劾，官职有变。与此同时，二兄宏道也打算归隐，亡嫂将在本月末落葬。正当沉浸在低落的情绪中时，小园梅花盛开，瘿鹤声清，即将到来的朋友聚会又让中道心生向往，成为这灰暗世界中的一抹亮色。

寄陶石篑〔一〕

手札至，方与中郎散发湖上，展读数过，为之惕然。居士冥身在洁净处〔二〕，行履绵密如此〔三〕，而犹常怀恐怖，吾辈当于何处生活？生死命根，真是难断。然近日勘得此事于平常人情之内，亦自有真消息。若情之所常有者，不待其自为消融；而把执太过，则未免走入缚执。一路将迎，意必沦入阴界鬼窟，且有如近溪所云"锦绣乾坤，翻作凄凉世界"者矣。龙溪、近溪真学脉也〔四〕。后之学者，又谓二老见地极明，特不修行。欲以修行救其弊，又何曾梦见二老？假令二老不留纤毫破缝，作模作样，只图外面好看，不图心中自得，则亦徇外为人之流而已矣〔五〕。

邓文洁〔六〕，一狷介士也〔七〕。然观其集，殊无自得之处，徘徊忠孝之间。疑其求全太过，尚多局面。比之世人，则有间矣；其于近溪诸公真脉络，全无有也。安排回互[八]，是大过也，可轻言寡过乎？生根性下劣，习重障深，然意欲使无生知见之力日深[九]，则渐自消融，如鼓琴然，弦大急则绝矣。不知高明以为何如也？

注释

〔一〕陶石篑：即陶望龄，见前《答陶石篑》注。

〔二〕冥身：佛教术语，意谓隐藏身心。这里是处身的意思。

〔三〕行履：往来、交往、行走。

〔四〕龙溪：指王畿（1498—1583）。字汝中，号龙溪。明浙江绍兴人。嘉靖进士。官至兵部郎中。他是阳明学派的代表人物，推动了阳明学的发展，进一步吸纳了道家、佛家的思想方法与成果，有《龙溪全集》。近溪：指罗汝芳（1515—1588）。字惟德，号近溪。明江西南城人。嘉靖进士。官至布政司参政。为王畿再传弟子。有《近溪子文集》等。

〔五〕徇外：屈服于外部的影响。徇，顺从、屈服。

〔六〕邓文洁：即邓以赞（1542—1599）。字汝德，号定宇。明江西新建人。官至吏部侍郎。退居罗溪书院讲学达三十年。去世后谥文洁。

〔七〕狷介之士：孤僻高傲、不肯同流合污之人。

〔八〕安排回互：佛学术语，指事物间相互涉入。这里指刻意准备、曲意遮护。

〔九〕无生知见之力：佛学术语，指通过修行而取得的舍弃妄想执着的力量。

点评

此乃袁中道与友人陶望龄一同探讨道术学问的信札。袁中道认为生死当于寻常人情中体悟，并以王畿、罗汝芳为例，强调不可执着于外在修行，而要注重自己的内心。接下来，袁中道将邓文杰与王畿、罗汝芳相对比，认为邓文杰没有得到二人的真传。

寄中郎

日在斋中〔一〕，猢狲子奔腾之甚〔二〕，一日忽然斩断，快不可言。偶阅阳明，龙、近二溪诸说话〔三〕，一一如从自己肺腑流出，方知一向见不亲切〔四〕，所以时起时倒。顿悟本体〔五〕，一切情念自然如莲花不着水，驰求不歇而自歇，真庆幸不可言也。自笑一二十年间，虽知有此道，毕竟于此见在一念，不能承当，所以全不受用。一切处全不省力，在计算安排、攀缘图度中过了〔六〕，平生忙似火烧。而今而后，不堕此坑矣。

近来也不思前，也不想后，便有使得十二时之意〔七〕，不用纤毫气力，自然如此。自喜已结圣胎〔八〕。古人之言，不予欺也。兄想久到此田地，如何止隔得一丝毫，便弄人十年二十年也？一向弟亦具正解，但道着悟，便自不肯。今方是过关，真个唤作彻悟无愧色。此处真如哑子吃檗〔九〕，更无说处。所以叨叨如此。

注释

〔一〕斋：此指书房。

〔二〕猢狲子：犹言"心猿"，指人按捺不住东想西想的内心。

〔三〕阳明，龙、近二溪：见前《寄陶石篑》注。

〔四〕亲切：此指真切、清晰、确实。

〔五〕顿悟本体：佛学术语，指不经历阶梯次第，以直指本源的方式认识到诸法的根本自体。这一概念后来亦被王阳明心学借用。

〔六〕攀缘图度：佛学术语，意谓企图借助外力的帮助，实现自我的超越解脱。

〔七〕十二时：十二时辰，指整日整夜。

〔八〕结圣胎：道家术语，本指通过持戒存神，使内丹在人的体内凝结。王阳明心学则借用这一概念表示天理在人心中的凝聚。

〔九〕吃檗（bò）：吃苦物，意谓受罪。

点评

袁中道从王阳明、王畿、罗汝芳的禅理中顿悟本体,大彻大悟。由此回顾了自身参悟心学的过程,从"虽知有此道,毕竟于此见在一念,不能承当,所以全不受用",到"一切处全不省力,在计算安排、攀缘图度中过了,平生忙似火烧。而今而后,不堕此坑",再到"近来也不思前,也不想后,便有使得十二时之意,不用纤毫气力,自然如此",袁中道所主张的修行方式,对今人也有启示。

又

居署中〔一〕,青槐绿榆,乔松古柏,屋敞地洁,蝇蚊绝迹,胸中潇潇然,都不得一事,真是快活不可言也。此后动静出处〔二〕,有何处不乐?吾事不既济矣乎〔三〕!

注释

〔一〕署:官舍,办公场所。

〔二〕动静出处:行动和止定、出仕和居家。

〔三〕既济:《易》中的一卦,意谓已经完成。即,已经。济,渡过河,比喻成事。

点评

这是袁中道在密云蓟辽总督蹇达官署作塾师时所作。署衙环境清幽洁净,而自己的心情也闲适愉悦。由此想到自己,不管做官与否,心境都会如此时一样安然愉悦。袁中道认为自己已经达到了无处不乐的境界。

寄黄慎轩〔一〕

今年弟复不了此事,真是可叹。然以静坐謇太保斋头〔二〕,于大事稍有所豁。方信古人说,信得自心,则动静二相〔三〕,了然不生;无明妄想〔四〕,不除自息。是实语如语,不诳语也〔五〕。阳明先生曰:"但致良知,则私欲之来,如红炉一点雪,不知世间更有何乐可代。"此老受用乃尔!今动而妄想,静而昏沉,为起灭不停所苦。欲除之不得,纵之不得者,俱是信心不及。情识命根不断,把见在潇潇洒洒一片闲田地当面蹉过,担枷带锁,无有了日。其稍见本体者,又不直下坐断,自以谓息机〔六〕,而其实机未息,反一切置之,流入情欲名利场中,成一个俗汉。盖悟理之不必求,知念之不必息,而不能亲证自然无求之境〔七〕,不曾安享不息而息之妙。故解路虽穷,而俗骨凡胎,一毫未换,良可叹也。即今自观,凡情炽然,欲尽不得者,或终日愁恼,动静俱苦者，此其病根，全在信心不及。本地风光不得现前，作不得无为闲道人〔八〕。

居士参求已久，所不足者，非解路也。何时得一合并，痛为逼拶，亲享此休心忘缘之乐乎〔九〕？所恨当时同学，皆在取舍窠臼中〔一〇〕，不能指直捷路径，令居士并心一处，不然当彻久矣。今世事日下，长安闹甚，青山白水有何不适，而出而受人指摘，自取不快乎？居士宦情轻微，但乡里亲戚，俗情深重，如油入面〔一一〕，未免以作高官相望，恐常在居士耳根喧腾，致不得快活。此处亦须自作主张。俗情自宜尔，吾辈不得听其转也。出处之间，原不宜有所意必，惟当相时而动。但得直见自心休歇得去，则粪草堆头，拾得无价宝，作一潇洒大自在闲人，岂不乐哉？

如邵尧夫〔一二〕，见得先天之学〔一三〕，花下小车，终日优游，便是红尘中极乐国也。若学道言，顺逆好丑情态尚与众人一样，则何贵学道，弄得一团智解？即二六时中一个身心，已自无法安顿矣，安望其使得十二时乎？又安望生死到来得自在乎？居士如未得彻去，未得休歇去，但将古人因缘觑来觑去〔一四〕，自然有相应时。千里寄书，止此一事要紧，区区寒暄，不足道也。

注释

〔一〕黄慎轩：即黄辉，见前《答陶石篑》注。

〔二〕蹇太保：指蹇达（1542—1608）。字汝上，更字汝循，号理庵。四川巴县（今重庆）人。明初名臣蹇义六世孙。同进士出身。官至兵部尚书、蓟辽总督。太保：太子太保，明清时为高级官员的荣誉衔职。

〔三〕动静二相：佛学术语，指事物所具有的活动一面与止息一面。

〔四〕无明妄想：佛学术语，指由于心的痴愚与执着，而无法如实知见事物，生出虚妄的想法。

〔五〕诳语：骗人的大话。

〔六〕息机：息灭机心，即抑制或消除心中的机巧和杂念。《楞严经》卷六："息机归寂然，诸幻成无性。"

〔七〕自然无求：自然而然达到无所欲求的境界。

〔八〕无为：这里指顺其自然、没有作为的人生态度。

〔九〕休心忘缘：指停止思虑，忘记人世间的牵绊。

〔一○〕窝臼：即窠臼，指中部下凹有窝的舂米器具，比喻旧的思想套路。

〔一一〕如油入面：如同油浸入了面粉中，比喻受到了某种影响之后再也无法改变或去除。

〔一二〕邵尧夫：即邵雍（1012—1077）。字尧夫，自号安乐先生、伊川翁等，谥康节。北宋理学家、诗人。与周敦颐、张载、程颢、程颐并称"北宋五子"。

〔一三〕先天之学：北宋哲学家邵雍的学说，认为《周易》中的象数原理先于宇宙生成即已存在，是一种形而上的观念。

〔一四〕因缘：佛学术语，指产生结果的直接原因和辅助促成其结果的条件。

点评

此信札是袁中道寄与好友黄辉的，信中讨论了对心性修养、名利私欲的看法以及如何在纷扰的世事中保持内心平静。全信结构有序：第一段围绕自我认知，探讨如何通过修心来达到动静自如的境界，并援引王阳明的话，强调了致良知的重要性；第二段是对友人的忠告与建议，鼓励友人不要被世俗的期望和压力所左右；第三段进一步举邵雍的例子，表达了对人生境界的思考。整体来看，这封信札感情充沛、真挚动人，反映了中国文人对于精神修养和人生价值的深刻思考。

张云影〔一〕

兄日来如何参求？若心性道理上明白〔二〕，到诸祖师金刚圈里过不去〔三〕，正是家亲作祟也〔四〕。弟近日见得，理则顿悟，事须渐除，是无方便中真方便〔五〕。惭愧往时，一切行有，几作魔王眷属〔六〕。以此暗暗持一个十不善戒〔七〕，惟酒肉姑俟渐除耳。放逸与放下不同，放逸正为物转，放下始能转物。非骸髅里情识尽干，如何说得随顺世缘的语也？知兄相信，故偶及之。作得《心律》一篇，尚未清出，容清出请教。

注释

〔一〕张云影：即张五教。湖北江陵人。曾从寒灰僧人学佛。余不详。

〔二〕心性：佛学术语，指人心本来具有而不可变易的性质、实体，或人心未被烦恼妄念遮蔽的本来面目。

〔三〕金刚圈：喻指对人上进的束缚、限制。《圆悟语录》卷一一："若道是唯心境界，正坐在荆棘林里。若道是向上时节，亦未跳出金刚圈在。"

〔四〕家亲作祟：原指家里去世长辈的神灵降下的灾殃。这里指来自内部或近处的阻碍。

〔五〕方便：佛学术语，谓悟得佛法真义的灵活方式或窍门。

〔六〕魔王眷属：佛学术语，指与恶魔相近或相关。

〔七〕十不善：指佛教中认为应该戒除的十项恶行，包括杀生、偷盗、邪淫、妄语、两舌、恶口、绮语、贪欲、瞋恚、邪见。

点评

张五教学佛多年，是袁中道参禅悟道的好友。这封信札中，中道分享了自己对于"理"与"事"的理解。中道指出,"理则顿悟,事须渐除",顿悟往往是一瞬间的,而行为和习惯的改变却是一个漫长的过程,强调了循序渐进;"放逸与放下不同,放逸正为物转,放下始能转物","放逸"是一种随波逐流的生活态度,容易被外物所干扰,"放下"则代表一种更高层次的内心状态。这里的"放下"并非指放弃责任或不再关心世事,而是在精神上超越对外界事物的执着和依赖。可见中道悟性、见解俱属高明。

报二兄

弟近来读书静坐,依然是向时人也。偶拈笔作得《心律》一篇,缘吾辈资质软弱、悟力轻微,欲借少戒力熏之。如吾兄本质带得干净,悟处又无朕迹〔一〕,入佛入魔,无所不可,真得大自在〔二〕,然不可以概吾辈也。思向来贪淫嗔怒〔三〕,与凡俗之人无异。在世上尚立不起,况世外法乎〔四〕?因草此以自盟。偶张居士来讨〔五〕,付之。然亦不知能有恒否,尚不能不以羽翼护持之力望之兄也〔七〕。何也?以吾辈信兄甚于自信也。长孺一字述之〔八〕。

注释

〔一〕朕迹：征兆、痕迹。

〔二〕大自在：佛学术语，谓进退无碍、心离烦恼。

〔三〕贪淫嗔怒：贪得无厌，容易发怒。

〔四〕世外法：出世之法。

〔五〕自盟：个人对天地神灵发誓。

〔六〕张居士：指张五教，见前《张云影》注。

〔七〕护持：佛学术语，意为修学方面的保卫扶持。这里指思想上接受相关的戒律，并坚持身体力行。

〔八〕长孺：指邱长孺（1564—?）。名邱坦，字坦之，号长孺。明湖广麻城（今属湖北）人。邱齐云之子。万历三十四年（1606）武会元。曾充朝鲜副使。出镇辽海，以战功升任海州参将。著有《南北游诗稿》《度辽集》等。

点评

这封信札是袁中道写给袁宏道的，他坦诚地分享了自己在心性修养方面的反思和困惑。中道赞赏二兄悟性高，能够在入世和出世之间自由切换，真正实现了大自在；而自己在克制贪淫和嗔怒方面的修习还有所欠缺，因此，他写作《心律》以为自我约束的一种方式。由此可见，中道在追求精神境界的过程中，既有自我反思，也有对亲友的信任和依赖。

云 影

《心律》一通,乃弟自己发药[一],于兄无与,乃兄苦欲之耶?只得寄来,兄好抄写。恐弟后无本也,故付来看完即寄我。然欲兄看者,弟无恒之性,后来知愧,不好决裂也。古人悟后,亦防自己三业忽起[二],况吾辈露水禅也[三]。

注释

〔一〕发药:散发之药,意谓使人警醒、觉悟之物。

〔二〕三业:佛教术语,指身、口、意三业,即身体活动、嘴里说的话、意识里的活动所造成的因果。

〔三〕露水禅:像早晨的露珠那样倏忽而逝,短暂、平浅的禅机。

点评

此篇书信是袁中道写给好友张五教的,信中表明自己的《心律》之作本来不打算给人看,因为对方执意要看,只得寄去,嘱咐对方看完将原稿返还。并对自己的无恒性、参悟浅进行了认真反思,时时提防自己兴身、口、意三业。

刘元定〔一〕

仁兄终日分韵举白〔二〕，看花听曲，而弟终日埋头看经上陈言。人生苦乐，相去宁止九牛毛耶〔三〕！但弟生三十八年，始识读书之乐，稍觉吾家伯业有趣〔四〕，大胜河朔公也〔五〕。一笑。分俸过厚，谢谢。

注释

〔一〕刘元定：刘戡之。字符定。明湖广夷陵（今湖北宜昌）人。其父刘一儒官至工部尚书。以父荫授官，曾任德州知府。为张居正的女婿。

〔二〕分韵：作诗时先规定若干字为韵，各人分拈韵字，依韵作诗，又叫拈韵、赋韵。举白：举杯告尽，犹"干杯"，泛指饮酒。这里泛指文人流连诗酒的活动。

〔三〕九牛毛：古代有"人之相去，如九牛毛"的谚语，形容人与人之间差别很大。这里是自谦之词。

〔四〕吾家伯业：指袁遗（？—192）。字伯业。东汉汝南汝阳（今河南商水一带）人。是袁绍堂兄。曹丕《典论》："上雅好诗书文籍……常言人少好学则思专，长则善忘。长大而能勤学者，唯吾与袁伯业耳。"这里谓勤学之人。

〔五〕河朔公：指袁绍（？—202）。字本初。东汉汝南汝阳人。是袁遗的族弟。东汉末年军阀，统一了河北地区。后于官渡之战败于曹操，不久病卒。

点评

  这是袁中道寄与友人刘勘之的短札。中道首先对比了他们各自的生活方式：刘勘之品酒、赏花、听曲，享受生活，令人羡慕；而他自己则埋首于经书，似乎苦不堪言。继而笔锋一转，言自己到今天才体会到，读书给人带来的乐趣，胜过功名富贵。这是欲扬先抑之法，会心人读来欣然一笑。

报二兄

  此事既得七穿八穴〔一〕，自然不虞烦恼习气为祟〔二〕。所苦者，悟理未圆耳。大梦既醒，岂复取舍梦中事哉？一切生灭〔三〕，如镜中象，如莲花上露珠。至于逆顺境界之来，自然转得行、打得彻，乃无生知见之力自使之然〔四〕，非有一毫压伏禁制之力杂其间也，即兄所云"打成一片"者也，到此复何言哉？弟谓既已入此门中，必须到古人大休歇田地，实修实证，永断后有，方为大自在人。若半上不落，则可惜也。目中所见前辈悟道者，亦具正知正见〔五〕，但陶汰锻炼之功绝少〔六〕，步步行有，无明日长。古人所云"知不入微,道不胜习"者为此等也。

昔王龙溪于天泉桥上已发明向上之旨,而阳明犹谆谆戒之曰:"吾人凡心未了,虽已得悟,不妨随时用渐修工夫,不如此不足以超凡入圣〔七〕,所谓上乘兼修中下也。"后来展转失旨,才得圣解〔八〕,便将生灭妄想习气拨向一边,以为不必理会之物,而听其日滋日长,以至于死。则自淮南一派儿孙〔九〕,少有不坐此病者也。不知兄以为何如?此等语向悟后人说便好,若未悟者,只成弄泥团矣〔一〇〕。

弟自有入以来〔一一〕,驰求寂然〔一二〕,或静坐,或读书,顷刻便过了一日,不知日之有朝暮,而身之有动静也。生平所最重者嗔火,亦渐不生,随发随自觉之,当时冰消。其他邪思妄念、名利计算、淫欲种种,才到心便过去矣。以此终日欣欣,亦无一事。不然此处兀兀〔一三〕,岂堪久坐者哉!《中庸》一书〔一四〕,参赞天地,止在喜怒哀乐上中节〔一五〕。孔子自不惑以后〔一六〕,方兢兢于改过迁善,现前一念,无将迎〔一七〕,无住着,便是了百千万年样子。弟之意如此而已矣。

《心律》,弟原不与一人看者,因张居士求之耳。兄以为未悟者不宜看,弟谓世间可语此事者少,使得他为善、不作恶业亦好,至于吾辈以后一切事,止有日减一日耳,岂有增加者乎!兄乃复有去志耶?归去亦佳。弟南游或在今冬,妻子自能度日,衣食原自不愁,安饱淫欲久已觑破已矣,更不向世间波波奔奔,热如火,寒如冰也。体中无病,不断餐,有书可读,有山水可登眺,吾事办矣。但得常常相聚,开眼见严师,自然妄想俗情无从得生,即吾辈大依归〔一八〕、大利益〔一九〕,于兄何有也?

注释

〔一〕七穿八穴:窟窿很多,形容领悟道理透彻通畅。

〔二〕为祟:原指鬼怪害人,此指为害、祸害。

〔三〕生灭:佛教语,谓依因缘和合而有,依因缘离散而无。

〔四〕无生知见之力:佛学术语,是通过修行而取得的舍弃妄想执着的力量。

〔五〕正知正见:佛学术语,指佛理方面正确的见解和智慧。

〔六〕陶汰锻炼:指在艰苦中经受考验,增长识力。

〔七〕超凡入圣:超越平常人而达到圣贤的境界,形容学识修养达到了高峰。

〔八〕圣解:高深的、精妙的道理。

〔九〕淮南一派：指泰州学派。因这一学派创始人王艮（1483—1541）是泰州（今属江苏）人。泰州地处淮南，故称。

〔一〇〕弄泥团：佛学术语，原指形成块状、团状的泥巴，喻指不具有智慧圆明的法眼，而呈现烦恼妄执的情形。

〔一一〕有入：指能够进入禅定的状态。

〔一二〕驰求：奔走追求。

〔一三〕兀兀：不稳定的样子。

〔一四〕《中庸》：儒家学派的代表著作，原系《礼记》第三十一篇。相传出于孔子的孙子子思（前483—前402）之手。中庸的中心思想是儒学中的中庸之道，其主旨在于修养人性。

〔一五〕中节：中正、适度。

〔一六〕不惑：遇事能明辨不疑。《论语·为政》："子曰：'吾十有五而志于学，三十而立，四十而不惑，五十而知天命，六十而耳顺，七十而从心所欲，不逾矩。'"故亦为四十岁的代称。

〔一七〕将迎：这里指主动迎接。

〔一八〕大依归：总的依靠、归宿。

〔一九〕大利益：佛学术语，指随顺佛法而获得的大恩惠。

点评

此封是袁中道、袁宏道兄弟间的通信，信中探讨了心性修养与道德实践的问题。中道提到，虽然他对修行已有所领悟，但还不够彻底。他将生活中的各种经历比作"镜中象"与"莲上露珠",都是短暂和无常的;以王阳明警戒王畿的话语来自戒,提醒自己只有通过"渐修",才能真正超越凡俗。中道还描述了自己修行后的变化,并指出《中庸》这本书可以帮助人们调和内心,以达到平衡状态。最后,中道表达了对简单生活的向往,认为有书可读、有山水可观赏,便已经足够。言语间有潇洒豪杰气,既拿得起,又放得下。

又

得家报,大人康泰,五弟无虞〔一〕,不胜之喜也。日来热甚,斗室中得无苦耶?宜其动归念也。归家必须远游始得,不然公安亦不堪久居也。彼此各老大矣,日斜暮春,正是此时。奔波何所求?将来泉石相对,讨些清净无为之乐,不亦快耶!但从南舟行不便,须商之。

注释

〔一〕无虞:不用担心。

点评

此封为家书,语言平实,如话家常。袁中道表达了得知家中父亲安康和五弟无恙后的喜悦,同时也提到斗室中热得不堪,自己想回老家了。中道感叹自己与中郎年纪均已不小,如"日斜暮春"。他质疑奔波于外物的意义,期望寻觅一个安静之所,享受清净无为之乐。

又

《酒评》如画[一]。近诗令谭书办一写[二],斋头清寂,细读之亦一快也。弟此中久不饮酒,惟以读书为乐耳。作得梅、李二公传呈览[三]。江进之传尚未脱草[四]。潘雪松诸老皆有传[五],次第成矣。又作得《禅门本草》[六],戏语耳,聊当一笑。此中无稿,幸勿令人持去。近成《虚闲斋剩语》四卷,殊可观。弟廿五六来,元质千万留一别[七]。此中凡百无耳。以长孺弓箭之故[八],大司马亲索之于诸将官处[九],竟无有也,虚费我一片心矣。瓜李亦不数见,致声诸末将[一〇],亦上酒坛耶?

注释

[一]《酒评》:袁宏道之文,作于万历三十四(1606)至三十五年(1607)间,内容是评点刘元定、邱长孺等朋友的饮

酒风格。

〔二〕谭书办：其人不详。书办，明清时期官署中掌管文书、核拟稿件的人。

〔三〕梅、李二公：指梅衡湘、李龙湖，见前《寄李龙湖》《答开府梅衡湘》注。

〔四〕江进之：即江盈科（1553—1605）。自号绿萝山人。明湖南桃源人，万历进士。官至四川提学副使。著有《雪涛阁集》。

〔五〕脱草：写完。

〔六〕《禅门本草》：袁中道所著，是用中药书的体式阐述禅理的著作。

〔七〕元质：指刘元质，袁中道友人，余不详。

〔八〕长孺：即邱坦，见前《报二兄》注。

〔九〕大司马：明清时期指兵部尚书。

〔一〇〕末将：指低级将官。

点评

此封亦是中道寄与兄弟宏道的信札，信中分享了近期的生活状态、写作活动以及与友人交游的趣事。他提到自己已经很久不饮酒了，现在以读书为乐；他写了本《禅门本草》，是一部戏谑消遣的书，可供一笑；与此同时，他也推荐中郎阅读刚问世的四卷《虚闲斋剩语》。整封信轻松诙谐，充满生活情趣。

寄长石[一]

弟以十三日至都,已暮。十四日即为元定邀去吃早饭[二],遂饮至暮。十五日行矣,未得一会仁兄,殊怅然。中郎行矣,弟盼望都中,遂无复亲,今惟兄耳。月余在酒肉场中,虽笑无欢,今复静坐,理会自己千万劫大事,且看诸大儒意旨,大有洒然处,弟自觉不寂寞,但恨不得时时请益也。人生无几,只此一段快活为实受用。若不彻悟心体,妄想起灭,役尽人世光阴也。知兄道念甚切,故言及之。

时时会聚洲道人否[三]?此不自欺者也。见时亦为致声。必于意识行不得处要理会[四],无可理会处更进一步,方是大自在消息也。弟日用亦如此做功夫而已矣。草草言近怀,有便附一字元定处寄我,署中得仁兄一札,读之不胜快活。

注释

[一] 长石:即曾可前(1560—1611)。字退如,号长石。明湖广石首(今属湖北)人。万历二十九年进士。官至翰林院编修。著有《且孺堂集》等。

〔二〕元定：即刘戡之，见前《刘元定》注。

〔三〕聚洲道人：即王元翰（1565—1633）。字伯举，号聚洲、积波居士。明云南宁州（今华宁）人。万历二十九年（1601）进士。官至工科右给事中。

〔四〕意识：佛学术语，为眼、耳、鼻、舌、身、意六识之一，是一种自我感觉与外部感觉的综合。

点评

此封是袁中道写给曾可前的信。信中，中道描述了自己到达都城后的活动与心境，言及近日饮酒达旦，"虽笑无欢"。现在他重新开始静坐，思考修行，并研读大儒思想，颇受启发。中道询问对方是否经常与聚洲道人王元翰见面，并建议他在遇到看似无解之事时更要进一步仔细琢磨，这样才能达到"大自在"的境界。从这封信中可以窥见中道与友人参禅悟道的日常生活，以及他与收信人互相欣赏、彼此信赖的真挚情谊。

寄蕴璞上人〔一〕

久不到金陵，至则觅石头庵主〔二〕，云已入楚，惟见新竹千竿，嫩绿可餐。高足弟子，法门通家之情蔼如〔三〕，遂分半榻者累日〔四〕。每倚竹长啸，又未尝不忆种竹人也。时且有吴越之游，不知师何日东归，甚念，甚念！

竹间作得口号数句博笑："我有千竿竹，弃之游白下。师有千竿竹，弃之游江夏。我来白下看师竹，宛似家园千亩玉。师行若走江陵路，过我家园须少住。"

> **注释**

〔一〕蕴璞上人（生卒年不详）：字如愚，号石头庵主。明代著名僧人，是贤首宗宗匠雪浪洪恩的门徒。

〔二〕石头庵主：即蕴璞上人，见上注。

〔三〕通家之情：像一家人一样的感情。这里指佛门对待佛教徒就像对待家人一样。

〔四〕分半榻：指留宿。

> **点评**

此封信札为中道寄与友人蕴璞上人的。首段四句是说，我来访上人，上人竟去了我的家乡，只看到千竿新竹，嫩绿可爱。情景交融，意兴盎然。第二段四句"口号"，以超脱旷达的态度来设想自己和上人的行踪与心境，含蓄蕴藉。小札简短有趣，会心人读之一笑。

答宝庆李二府〔一〕

往接慈容，恨未深谈，然从不退、聚洲口中〔二〕，备知台台信力甚深〔三〕，真法器也。生十七八时，即知有此事，初求之贝叶文字〔四〕，了无所得。其后始知达摩直指一路〔五〕，真为摄精夺髓之法〔六〕，然亦无可措手。后又得大慧、中峰语录〔七〕，始知此事决要妙悟〔八〕，妙悟全在参求，参求定须纯一。悟后之修，乃为真修，不然即系盲修。乃以无义语时时提撕，于今二十余年矣。中间为功名婚嫁奔忙，意根他用处甚多，又胎骨带得有繁浓习气，未易破除，或于机境上〔九〕，忽有省废〔一〇〕，皆是小休歇处，古人所云"暂时歧路"，非到家消息也。因此亦不敢过望世之学者。至若眼目已开之人，无生之力尚微，千生业习深重〔一一〕，如千年积冰，杲日虽出〔一二〕，未易销释，非其见地不是，力弱故也。盖学之而后知其难耳。要之大悟即真休，参求即是闻，真休即是修，即所谓"返闻闻自性，何不自闻闻"也。六用不行，放光动地矣。

如生者，数年以来，参求绝不纯一，嗜好亦恒他用，自恨骨力不健，为法门罪人。而台台乃问及盲聋，愧汗甚矣。但泥淤中能生莲花，台台勿问其淤泥可也。家仲曾号"六休"，因初入仕时，无意游宦，乃取司空图《休休亭记》中有"六宜休"语〔一三〕，故用"六休"为号，志无忘山中冷云耳，非《楞严》"六用不行"旨也〔一四〕。

一休之旨,则谓得其一万事毕而已矣。来教精详要渺,非得此道之味者,安能深入如此?贵治山水,酷所想慕,况有道在彼,敢忘就正?但置一居于沙头,与家仲为伴侣,尚未就绪。令亲曾丈悉见之,以此暂阻抠衣〔一五〕。桃花开时,有角巾野服而投刺者,未必非袁生也。风便幸示好音〔一六〕。

注释

〔一〕李二府:指李继美(生卒年不详)。字济卿。明浙江临安人。官同知。

〔二〕不退:即陶珽(1573—?)。字紫阆,号不退、稚圭先生、天台居士。明云南姚安人。万历进士。官至大名府知府。聚洲:即王元翰,见前《寄长石》注。

〔三〕台台:旧时对长官的尊称。

〔四〕贝叶:原指古印度抄写经文的树叶,代指梵经。

〔五〕达摩:称初祖达摩或初祖菩提达摩,是大乘佛教中国禅宗的始祖。

〔六〕摄精夺髓:中医术语,指摄取精气真髓,比喻抓住事物的精要部分。

〔七〕大慧:即宗杲(1089—1163)。南宋高宗敕赐大慧禅师,孝宗更赐号为普觉禅师。为临济宗的一代高僧。中峰(1263—?):元代的著名高僧,为杭州钱塘孙姓子弟。元至元二十三年（1286），随高峰和尚剃染于天目山师子院，法名明本。次年，受具戒，得高峰真传。

〔八〕妙悟：禅宗的重要范畴之一，其根本要义在于通过人们的参禅来达到空灵清澈的精神境界。

〔九〕机境：禅师相机而设的勘验学禅者的方法，如提问、下一转语、棒喝、扬眉竖目、拳打脚踢等，成为一种内含机用的境相，故名。

〔一〇〕省废：反省、废弃不合适的地方。

〔一一〕业习：会造成因果的习气。

〔一二〕杲日：明亮的太阳。

〔一三〕司空图（837—908）：字表圣。河中虞乡（今山西永济）人。咸通末年进士。官至中书舍人。晚唐著名山水诗人，有《二十四诗品》传世。他的《题休休亭》："咄，诺，休休休，莫莫莫，伎两虽多性灵恶，赖是长教闲处着。休休休，莫莫莫，一局棋，一炉药，天意时情可料度。白日偏催快活人，黄金难买堪骑鹤。若曰尔何能，答曰奈辱没。"内有六个"休"字。

〔一四〕《楞严》：《楞严经》，著名佛教经典。此经在内容上包含了显密性相各方面的深刻道理，在宗派上则横跨禅净密律，举凡发心、解、行、证、悟，皆详尽剖析开示。六用不行：指见、闻、嗅、尝、觉、知都不起作用。

〔一五〕抠衣：提起衣服前襟，古人迎趋时的动作，表示恭敬。

〔一六〕风便：顺风、顺便。

点评

此封为中道回复李继美的信札。在信中，中道表达了对李继美修行的认可，同时分享了自己的参悟所得。中道回顾自己的修行经历，从最初试图在文字中寻求答案，到后来认识到"达摩直指一路"，再到通过大慧、中峰的语录领悟到"妙悟"的重要性，强调"妙悟全在参求，参求定须纯一"。中道认为，悟后之修需要不断"以无义语提撕"，以保持对真理的敏感。对于已经"眼目已开之人"来说，由于业习深重，修行仍是一个长期的过程。中道还自省了修行目的，对自己在法门的贡献感到愧疚。他又提到二兄宏道的号"六休"并非来自《楞严经》中的"六用不行"，而是出自司空图的《休休亭记》。中道感谢李继美对自己的关心，并表示春天有可能去拜访对方。

寄苏云浦〔一〕

伤哉，伤哉，中郎于九月初六日长逝矣！八月初，微有火疾，时起时灭，投补剂则发火，投清剂则伤胃，不药则症日加，遂至大小便皆血，一夜忽痢五六次〔二〕，而阳脱〔三〕，竟至不救。初意亦为小小火病，及至后来渐盛，虽医者，竟不知其何疾也。老亲七十，闻此一哭几陨。弟走沙市收殓亡者〔四〕，复走公安安慰生者。人生到此，生理尽矣！

中郎迩年以来，极其寡欲，夏三月，止坐楼下读书。常常说静坐养生之旨，精神全从收敛翕聚〔五〕。不意一病，遂尔化去，岂天不欲留法眼于世耶〔六〕！天假以年，出世之学愈深，用世之才愈老，次可与阳明、近溪诸老方驾〔七〕，而今年竟止此矣！

弟薄命，与中郎年相若，少即同学，长虽宦游，南北相依，曾无经年之别〔八〕。一日不相见，则彼此怀想。才得聚首，欢喜无穷；忽尔分袂〔九〕，神色黯黯。至于今年尤甚，形影不离，暂别去，即令人呼唤，不到不休。弟所以处困穷而不戚戚者，止以知己之兄在耳。今复化去，弟复有何心在世？中肠谁与吐，疑义谁与析，风月谁与共欢，山川谁与共赏？锦绣乾坤化作凄凉世界。已矣，已矣！恐弟亦不久于世矣！

仁兄书到之日，正一七也〔一〇〕，发函多悼叹生死之语，弟不胜惊叹。梦中所云登楼，二仲扶之，二仲雨而跣行〔一一〕，此岂非凶兆耶？一室孀妇、弱子幼女，何以度日？逝者已矣，生者之苦未艾也〔一二〕。昨见札中切切思归，甚是，甚是。富贵荣华，真是幻梦。日日奔波热忙，送却了好日子。四十以后，阳盛阴衰，日夜奔驰，俱是生火之资。弟意以为决当静坐收摄，早晚念佛，严持十斋杀生之戒[一三]，以为去日资粮。若得道驾归来，互相策励，究竟此事，尤可度日，但恐弟无此等福耳。中郎囊中，仅检得三十金，其清如此，即弟亦不知其清至此也。哭泣中草率作此，百不既一，统容嗣致。

注释

〔一〕苏云浦：即苏惟霖，见前《答苏云浦》注。

〔二〕痢：痢疾，古称肠辟、滞下，为急性肠道传染病之一。

〔三〕阳脱：中医用语，指阳气衰竭的病症。

〔四〕沙市：地名，位于湖北境内长江北岸，今属荆州。

〔五〕翕（xī）聚：会聚。

〔六〕法眼：佛学术语，指敏锐、深邃的洞察力。

〔七〕方驾：两车并行，指比肩、媲美。

〔八〕经年：经过许多年。

〔九〕分袂：离别、分手。

〔一〇〕一七：称人死后的第一个七天。

〔一一〕跣：光着脚，不穿鞋袜。

〔一二〕艾：尽、停止。

〔一三〕十斋杀生之戒：指于每月初一、初八、十四、十五、十八、二十三、二十四、二十八、二十九、三十持斋戒，避免杀生。

点评

　　该信札共四段：第一段叙述袁宏道初病到去世收殓。第二段追忆宏道近年修身养性的状态，对他的早死感到难以置信。第三段为全文情感最浓烈处："今复化去，弟复有何心在世？中肠谁与吐，疑义谁与析，风月谁与共欢，山川谁与共赏？锦绣乾坤化作凄凉世界。已矣，已矣！恐弟亦不久于世矣！"第四段叙说苏兄的不祥之梦、当下家中境况、宏道的身后事，以及自己的打算，诸般苦楚，读来让人心中五味杂陈。

答钱受之〔一〕

　　大云来〔二〕，得手教，备悉近况。前有同参衲子怡山入吴〔三〕，有数字寄询，不知已入目否？弟日来以亲病未平，株守故里，稍稍葺理赟笞谷，种花读书，以自遣日。自先兄亡后，生死之念转切，困心衡虑中，于此道稍有所契。举业亦不多作，自笑发已种种矣，岂能常作此耗心血事？去六十岁止得十七年，忙忙打叠那边事，尚恐不迭，何心逐逐世缘也？前年买得一侍儿，去岁复遣之江陵。

　　沙头市得一园，粗有花木，亲病稍安，即渡江往住。相依惟二三净侣，久不饮酒，间饮地黄酒数杯〔四〕，颇觉神明清爽。自念生平无一事不被酒误，学道无成，读书不多，名行不立[五]，皆此物为之祟也。甚者乘兴大饮后，兼之纵欲，因而发病，几不保躯命。又念人生居家，闲而无事，乃复为酒席所苦，非赴人召，即已招客，为杯勺盘餐忙了一生，故痛以招客赴席为戒。落得此身闲静，便有无穷好处，读书看山，尚是余事，真大快也。山水可以代粉黛，兄疑世间人因伛为恭耳[六]，弟自谓从古来不得意于世缘，因而自甘清净，以至于成仙得道者，不可胜数。即如陶弘景[七]，初求县令不遂，然后弃妻子，隐于茅山之积金涧[八]，故自云："吾永平中求禄辄不遂，使遂，吾安得享此？"古多以恶疾而致冲举者[九]，其初俱非忘情世乐者也，特世乐之路已穷，不得不寻寂寞之乐，盖久之觉寂寞之乐，远出于世乐之上，然后悔向者驰求之非计。此亦机缘凑合使然，乃学道者之幸也。

夫处繁华之中，而不忘清净之乐；居寂寞之中，而永断繁华之想者：此自是一种上根上器，不易得也。若夫世乐可得，即享世间之乐；世乐必不可得，因寻世外之乐：古之高人达士，多出于是。陈抟、邵尧夫[一○]，皆非忘情富贵功名者也，知其不可得，而走清净闲适一路耳。惟世间一种俗人，处世乐而更作无涯之求，世乐不可得，而厌寂寞如牢狱，望世乐若天堂，终身戚戚而无已时，则真可悯也。昌黎作《盘谷序》[一]，列三项人，最为先获我心。盖繁华有繁华之乐，寂寞有寂寞之乐，惟两处不成、驰求不息者为下策耳。昔人谓白乐天于功名富贵[一二]，得之则欣欣，失之则戚戚，备见于诗篇之内。弟则谓白公原非忘情于功名富贵者，得之欣欣，失之戚戚，正是白真率处，而其实有一种解脱之趣，去人甚远。如其初居江州[一三]，未尝不苦，然却往来庐山[一四]，作草堂，蹑飞云履，炼大丹，看山听泉，读佛书，苦之中乐又生矣。苏公亦然[一五]。苏公初居黄州，亦未尝不苦，然却优游临皋、雪堂之间[一六]，泛舟赤壁[一七]，弹江水看山，苦之中乐又生矣。谓两人不求世乐，吾不信也；谓两人世乐不遂，而竟为寂寞所苦，吾亦知彼必不为也。虽然，即得世乐而享之，亦岂如世人之享世乐者耶？于霹雳火中[一八]，常现冷云相[一九]，故可贵也。

兄书中道及嘲胡仲修语[二〇]，将谓世间人游山水者，乃不得粉黛而逃之耳[二一]，非真本色道人也。此真觑破世人伎俩也。弟则谓不得繁华粉黛，而能逃于山水以自适者，亦是世间有力健儿。因伛为恭，遂成真恭者，多有之。以此发挥数语，博三千里外一笑，不自觉其语话之长也。

弟近来无可共语人矣，海内如吾受之，又不得频频聚首。今受之已离寂寞，得世乐矣。往日所云死得过者，亲见之矣。曾记写大字帖送卷价否？腕中有鬼，非偶然也。三笔之梦，已先定矣。定命如此，驰求何为？弟所以处贫贱而不戚戚者，为此也。细观受之具有世外灵骨[二二]，决非汩没于富贵功名之人。然逆境易持，顺境难持。顺境之中所求易遂，往往征逐世乐，断送了一生。即如江陵相公，少时便有气魄，会读《华严经》，悟得诸佛菩萨以身为世间床座，经河沙劫，救度一切有情，便有实心为国为民之志，刀刀见血，不作世间吐哺下士虚套子，可谓有大人相矣。却是脚跟下带得一种无明习气，及富贵声色，情欲甚重，所以事业不光大。缘生平不学大道，不得无生知见之力，重浊而不清脱，故纵习气情欲，而不能超拔出也。乃知世之真正英雄，若不于本分事上七穿八穴之后，于梦幻泡影中[二三]，以曼殊智[二四]，作遍吉事业[二五]，不过只是健狗豪猪[二六]，有何足贵！愿吾兄打并精神，觑破向上一路，王文成是兄师也[二七]。

花山缘疏〔二八〕，花攒锦簇，读之齿牙三日犹香。如此美才，发泄天地精灵太甚，更须十分退藏，为元吉也〔二九〕。弟家事粗遣，妻妾辈皆持戒作佛事。小儿为伯修嗣、名祈年者，甚知向学。中郎长子名彭年者，大有才气，酷似其父。先兄不死矣。弟已拚作一老孝廉〔三〇〕，骑款段〔三一〕，作马少游〔三二〕，伫看兄三台八座〔三三〕，访我道山也。老兄既作贵人，应酬不简，清贫作何支给？借债太多，后亦为累，甚为兄虑之。

大云缘事，需之岁月，可望其成。今年不知何月起复，到长安。此一番聚首，于举业文字外，当更有商量处也。《游玉泉》诸诗寄览〔三四〕。有便附一字，草率不恭，幸恕。

注释

〔一〕钱受之：即钱谦益（1582—1664）。字受之，号牧斋，晚号蒙叟、东涧老人。南直隶常熟（今属江苏）人。晚明时官至礼部侍郎。南明弘光政权时为礼部尚书。后降清，曾任《明史》副总裁。以诗文负盛名。

〔二〕大云：明代僧人。字万安，俗姓郭。浙江仁和（今杭州）人。受具足戒于云栖寺。

〔三〕怡山：明代僧人，余不详。

〔四〕地黄酒：以地黄等药材为辅料的药酒。地黄，一种多年生草本植物，中医认为有补血、强心之效。

〔五〕名行：名声与品行。

〔六〕因伛为恭：因为驼背而装做恭敬，语出《世说新语》。伛，驼背。

〔七〕陶弘景（456—536）：字通明，号华阳隐居。南朝梁时丹阳秣陵（今江苏南京）人。医药家、炼丹家、文学家。其作品有《本草经集注》《集金丹黄白方》《二牛图》《华阳陶隐居集》等。

〔八〕茅山：道教名山，在江苏句容、金坛一带。

〔九〕冲举：谓飞升成仙。

〔一〇〕陈抟（约871—989）：五代至宋时的著名隐士。自号扶摇子。宋太平兴国年间来朝，太宗赐号希夷先生。邵尧夫：即邵雍，见前《寄黄慎轩》注。

〔一一〕《盘谷序》：即《送李愿归盘谷序》。是韩愈写给友人李愿的一篇赠序类散文，作于唐朝贞元十七年（801）。全文通过对友人李愿归隐盘谷的议论，表达出韩愈对官场丑恶的憎恨和对隐居生活的向往。

〔一二〕白乐天：见前《答陶石篑》注。

〔一三〕江州：地名，即今江西九江。

〔一四〕庐山：风景名山，位于今江西九江一带。

〔一五〕苏公：即苏轼（1037—1101）。字子瞻，号东坡居士，世称苏东坡。宋眉州眉山（今属四川）人。嘉祐年间进士。官至礼部尚书。后世辑有《苏文忠公全集》。为宋代最重要的文学家之一。

〔一六〕临皋、雪堂：语出苏轼《后赤壁赋》："是岁十月之望，步自雪堂，将归于临皋。二客从予，过黄泥之阪。霜露既降，木叶尽脱，人影在地，仰见明月，顾而乐之，行歌相答。"

〔一七〕赤壁：这里指苏轼写前后《赤壁赋》之处，即赤鼻矶，在今湖北黄冈。

〔一八〕霹雳火：又急又响的雷。《佛遗教经》："譬如清冷云中，霹雳起火，非所应也。"

〔一九〕冷云相：见上注。

〔二〇〕胡仲修：明南直隶新安（今安徽黄山一带）人，余不详。袁宏道《酒评》："胡仲修如徐娘风情，当追念其盛时。"

〔二一〕粉黛：女子化妆所用的白粉和眉黛，代指年轻貌美的女子。

〔二二〕世外灵骨：称得道者的轻盈躯体。

〔二三〕梦幻泡影：佛学术语，认为世界上的事物都像梦境、幻象、水泡和影子一样空虚，后比喻空虚而容易破灭的幻想。语出《金刚般若波罗蜜经·应化非真分》。

〔二四〕曼殊智：文殊菩萨一般的无上智慧。曼殊，即曼殊室利，文殊菩萨。

〔二五〕遍吉：遍吉菩萨，即普贤菩萨。

〔二六〕健狗豪猪：指像猪狗一样虽有强健身体，却没有智慧和觉悟。

〔二七〕王文成：即王阳明，见前《答陈布政志寰》注。

〔二八〕《花山缘疏》：指钱谦益为花山寺的兴造所写的《募缘疏》，文见《初学集》卷八十一。

〔二九〕退藏：退归躲藏。语出《周易·坤卦》。元吉：大吉。

〔三〇〕老孝廉：意谓放弃科举，以举人身份终老。

〔三一〕款段：行动迟缓的马。

〔三二〕马少游：汉代名将马援的从弟。志向淡泊，无意功名。他曾经说："士生一世，但取衣食裁足，乘下泽车，御款段马，为郡掾史，守坟墓，乡里称善人，斯可矣。致求盈余，但自苦尔。"见《后汉书·马援传》。

〔三三〕三台八座：泛指高官重臣。

〔三四〕玉泉：中道家乡公安附近的玉泉山，在今湖北当阳境内。

点评

这是袁中道写给友人钱谦益的信札，信中分享了他对世俗之乐与清净修为的体悟。小修以奇才自居，年少时有志于四方，然而科场失利，仕途受阻，他遂肆心顺欲于酒色之间，健康每况愈下。友朋的凋零、兄长的离世令他彻底醒悟，想到自己距离耳顺之年不过只剩十七载，决定不再纠缠于俗务，而是独守家乡，种花，读书，看山。小修提及古人归隐多因世俗之路走不通，才不得不在寂寞中寻求快乐，但慢慢也能察觉到寂寞之乐高于世俗之乐。他认为能够在繁华中保持清静、又能在寂寞中断绝繁华之想的人，才是真正的上根上器之人。小修也不忘勉励友人，愿他能如张居正一般实心为国为民，又如王阳明一般达到高远的境界。最后，小修再次交代了自己和家人的现状，希望能与友人重聚，切磋学问与文章。

又

华山僧寄手书来〔一〕，备悉近况。弟今岁杪春遭家严之变，父兄相继而亡，痛不欲生，逃之玉泉山中，稍有起色，复以家务遄归。故人书断绝已久，惟受之不忘我，且作长语相反复，此谊岂可易得！已造得一小舟，当以明正涉江〔二〕，直走吴越，恐仁兄春间入都，不及一把臂也。弟此时欲尽收东南之胜，期不问年〔三〕。既无繁华，且安寂寞耳。一切大云能口之。大云古貌慧心，甚觉妩媚。因其便，附字奉候，不尽欲吐。

注释

〔一〕华山僧：指僧大云，见前《答钱受之》注。
〔二〕明正：明年正月。
〔三〕期不问年：时间不以年来计算，形容没有约束的漫游。

点评

　　此为袁中道答复友人钱谦益的信札，信中简要交代了家中变故，说到自己因父兄相继去世，悲痛欲绝，已赴玉泉山避世。此时，过去的友人几乎都已断绝来往，只有对方还时时来信，关怀琐细。中道因此对这份情谊倍感珍惜。此外，他也透露了自己远离繁华的想法，将一路顺江而下，游览吴越胜迹，不再过问世俗之事。此信读来深情款款，委婉动人。

又

　　弟大对名次最后〔一〕，当为县令。县令于弟不宜，幸有馆选一途可以藏拙〔二〕，然秘书有限〔三〕，非不竞之地，恐亦未可必得也。打叠乞假南归，徘徊山水间半年，至明岁秋初来选，乞两京一教职。青毡我家旧物〔四〕，尤与懒拙之人相宜。大端我辈毕竟是一肚不合时宜〔五〕，弟入廛数月〔六〕，已悉知之矣。况世道日下，好以议论相磨戛〔七〕，即不能效鸟飞鱼沉〔八〕，为长往之计，而庶几处非仕非隐间，聊以藏身而玩世。四五年间，得列郎署〔九〕，山资稍足〔一〇〕，便脱身归矣。馆职亦自好，只是借债太多，恐身子不得脱。然受之劝弟俯就之，就之而得固欣然，就之而失亦可喜也。

闻道体日益康泰，忻慰，忻慰。弟近颇知闵啬之道，而弟妇怜弟邸中寂寥，特遣人送弟素所刮目之一婢来，差足慰怀。幸其人谨愿，可代收藏，但不敢令其收乌须药耳。弟前岁一病几殆〔一一〕，故取近作寿之于梓〔一二〕，名为"珂雪斋集"。盖弟有斋名珂雪，取《观经》"观如来白毫相如珂雪"意也。近转觉其冗滥，不欲流通。正思取一生诗文之精警者，合为一集，时方令人抄写，完后当寄一帙，受之为我序而传之可也。日记系另一书，目下亦未可出耳。

诗文之道，昔之论气格者近于套，今之论性情者近于俚，想受之悟此久矣。古人云："举业是人生一厄〔一三〕，过了此关，正好理会性命。"如弟二十年学道，只落得口滑〔一四〕，毕竟得力处尚少，以此深自悔恨。欲于此后打叠精神，归并一路，期到古人大休大歇之地乃已。年迫望五，即世间受享，宁有几时？趁此时了却，免至出没生死海中〔一五〕，真大快也。但此事须友朋夹持，安得与受之数数合并〔一六〕、互相策励耶〔一七〕！汉卿兄来未半月即南还矣〔一八〕，行忙未能为之地〔一九〕，奈何，奈何！因其还，草率寄报，不尽欲言。

注释

〔一〕大对：指殿试。会试后由皇帝亲自对录取的贡士进行策问，通过者才能取中进士。

〔二〕馆选：被任命为宫廷或官署中的文职官员。

〔三〕秘书：即秘书省，专司典籍事务的官署。明初并入翰林院。此代指翰林院。

〔四〕青毡我家旧物：语出《晋书·王献之传》："夜卧斋中，而有偷人入其室，盗物都尽。献之徐曰：'偷儿，青毡我家旧物，可特置之。'群偷惊走。"后以此典喻指坚守清贫儒生生活的家族传统。

〔五〕大端：大抵、大概。

〔六〕入廛：进入俗世。廛，古代城市平民的房地。

〔七〕磨戛：摩擦冲撞。

〔八〕鸟飞鱼沉：喻指各任其性。语出《后汉书·李膺传》："愿怡神无事，偃息衡门，任其飞沉，与时抑扬。"

〔九〕郎署：朝廷各部所属的司官。

〔一〇〕山资：过隐居生活所需的费用。

〔一一〕殆：危亡、危险。

〔一二〕梓：梓木，此指刻板、付印。

〔一三〕厄：苦难。

〔一四〕口滑：指说话随便、脱口而出。

〔一五〕生死海：佛教语，比喻生死轮回无边无际，如同大海。

〔一六〕数数：屡屡、不断。合并：合作。

〔一七〕策励：督促勉励。

〔一八〕汉卿：所指不详。

〔一九〕地：此指尽地主之谊。

点评

　　此札是袁中道写给钱谦益的回信，信中首先诉说了自己殿试以来的志愿和打算，随后又品评了一番文章之道。中道自认不适应官场浮沉，即使不能像鸟飞鱼沉那样从俗世中消失得无影无踪，至少也希望能在非仕非隐之间找到一个藏身之所。又说到自己要取一生的好诗文，合为一集，并顺便介绍了斋名的由来，"盖弟有斋名珂雪，取《观经》'观如来白毫相如珂雪'意也"。最后，中道发表了自己对诗文之道的见解：过去的人谈论气格，过于拘泥；现在的人谈论性情，又入于流俗。其间反映出袁中道创作后期对公安派出语浅近等不足的反思。

寄长孺〔一〕

　　弟之奇穷〔二〕，世所未有。中郎既去，家严继之〔三〕。两年来如醉如梦，强以山水之乐，苦自排愁破涕。生平桑梓亲厚交游〔四〕，仅得一曾一雷〔五〕，此外皆异方之乐也〔六〕，而二公复先我而去。黄平倩仁兄亦以今年夏初不禄[七],弟闻之,其惨戚不啻伯修、中郎。想兄闻之,更自凄恻耳。半年以来,竟不得兄一消息,久不升迁,不知何故。岂都中荣转,此外不知耶?日来兴致若何,囊中得无羞涩否?弟今年不得会试,下年便是一老翁矣。进取路穷,却得些闲静光景。明春亦欲东游,不知如愿否也。

注释

〔一〕长孺:即邱坦,见前《报二兄》第一篇注。

〔二〕穷:困顿、不得志。

〔三〕家严:指自己的父亲。

〔四〕桑梓:古时,人们常在家宅旁边栽种桑树和梓树。《诗经·小雅·小弁》:"维桑与梓,必恭敬止。"后以之代称家乡。

〔五〕一曾一雷:指曾长石、雷何思。曾长石,见前《寄长石》注。雷何思,即雷思霈(生卒年不详)。明湖广夷陵(今湖北宜昌)人。万历二十九年(1601)进士。官至翰林院检讨。著有《百衲阁文集》《荆州方舆书》。

〔六〕异方之乐:他乡之音乐,这里指外地的朋友。南北朝王褒《渡河北》:"心悲异方乐,肠断陇头歌。"

〔七〕黄平倩:即黄辉,见前《答陶石篑》注。

点评

　　这是一篇袁中道寄给亲近友人的短札。短札开篇云，自己这一生真是坎坷至极，两个哥哥，父亲，曾、雷、黄等友人先后去世。接下来对近半年没有收到丘坦的消息表示疑虑。他问道，兄久不升迁，不知是什么原因？是不是已经升迁了，只是我们还不知晓？兄近来兴致怎样，收入还够维持支出吗？拳拳关怀，溢于言表。最后述说自己今年不能参加会试，下年便是一老翁了，来春愿东游等，大体为家常语。

又

　　半年不得兄一字，甚念，甚念。自中郎去后，心神凄凉，百感横集〔一〕，姑集山水禅悦〔二〕，以自排遣。苦则苦矣，心知功名之途远，翻于此中得些闲淡光景。入郡时与夏道甫聚首〔三〕，此外更无人往来也。兄官况毕竟如何，身上无债否？如无债，可陆沉度日〔四〕。过数年，兄便是五十翁，弟亦近五旬矣，世局日熟〔五〕，道念日生〔六〕，又不知作何结煞也〔七〕。弟近制一舟，前后可安六桨，中列轩窗，可坐十人。将以明年正月，作东南之游，载米百石、书千卷，放浪江湖，且欲遍览名山胜水。失马得马〔八〕，安知非计也！

注释

〔一〕横集：纵横交集。

〔二〕禅悦：佛学术语，谓入于禅定，使心神怡悦。

〔三〕夏道甫：作者友人，住沙市，余不详。

〔四〕陆沉：陆地无水而沉，比喻隐居。

〔五〕世局：政局、世道，亦泛指情势。

〔六〕道念：修道的信念。

〔七〕结煞：结果、结局。

〔八〕失马得马：指世事多变、得失无常。即"塞翁失马"之意，典出《淮南子·人间训》。

点评

这是袁中道寄予邱长孺的书信，"舟行""船宴""读书看山"，作者只用了几个词便勾勒出纵情山水、笑谈古今的美好生活图景，是明季士大夫中喜好山水、怡情自适的典型代表。

答王天根〔一〕

兄一年中，尽搜东南诸胜〔二〕，闻避暑庐山大林，几至忘归，不知游石门否〔三〕？比传石门开精舍，欲效白社故事〔四〕，云已有次第，果可栖隐，后当结香光之缘也〔五〕。义仍先生健耶〔六〕？承书问蔼然，轸念两先兄〔七〕，读之几欲堕泪。记乙未春，义仍与王子声及不肖兄弟三人〔八〕，聚首都门〔九〕，无夜不共燕笑〔一〇〕。未几子声逝矣，又未几伯修、中郎逝矣。弟近复多病，存亡不可知。惟义仍年愈长而饮啖愈健，岂惟有异才，实有异福。

来札云义仍推服楚才，以为不可当，然耶？楚中后辈，复有数人，诗文清远绝尘，义仍或未及闻也。读《玉茗堂集》，沉着多于痛快，近调稍入元、白，亦其识高才大，直写胸臆，不拘盛唐三尺，不觉其有类元、白，非学之也。今人见诗家流便易读者，即以为同于元、白，然则诗必诘曲聱牙〔一一〕，至于不可读，然后已耶？且元、白又何可易及也！王敬美自云"生平闭目不欲看元、白诗"〔一二〕，今敬美之诗何如哉？盛唐诗品如荔枝，然荔枝之美，正以初摘时核上有少许新鲜肉耳。今学之者，壳似之矣，核似之矣，其壳内核上可口之肉却未常有也，不若新枣远矣。不肖俗人也，愿啖枣而已。管见如此，聊博一笑，如何？兄近作益咄咄逼人矣。甚矣，山水之能发藻思也。

注释

〔一〕王天根：作者友人，住沙市，余不详。

〔二〕诸胜：许多名胜古迹。

〔三〕石门：此指庐山石门涧，东晋时名僧慧远曾于此筑精舍，明徐霞客于此写《游庐山日记》，其后此处成为著名游览胜地。

〔四〕白社：白莲社的省称。晋代高僧慧远等十八人在庐山东林寺结社，同修净土之法，因此号白莲社。后用"白社"借指隐士或隐士所居之处。

〔五〕香光：佛教语，形容一种特殊的气氛、状态。《楞严经·大势至菩萨念佛圆通章》："香光庄严。"

〔六〕义仍先生：即汤显祖（1550—1616）。字义仍，号若士、海若、清远道人。明江西临川（今抚州）人。万历十一年（1583）进士。官授南京太常博士，迁礼部主事。因揭发时政积弊，被谪广东徐闻典史，后调任浙江遂昌知县。有《玉茗堂文集》《玉茗堂四种曲》传世。

〔七〕轸念：悲痛地思念、深深的思念。

〔八〕王子声：即王一鸣（1563—？）。字子声，又字伯固。明湖北黄冈人。万历十四年（1586）进士。授太湖知县，改临漳。

〔九〕都门：借指京城。

〔一〇〕燕笑：犹欢笑。

〔一一〕诘曲聱牙：形容文字晦涩艰深、难懂难读。唐韩愈《进学解》："周诰殷盘，诘屈聱牙。"

〔一二〕王敬美：即王世懋（1536—1588）。字敬美，号麟洲。明南直隶太仓（今属江苏）人。嘉靖三十八年（1559）

进士。官至南京太常寺少卿。著有《学圃杂疏》。

点评

　　这是袁中道写给友人王天根的信札，他在信中打听汤显祖的近况，由往昔的友朋交游联想到人事代谢，进而感慨汤显祖之身体健朗、福泽深厚远胜自家兄弟，并就汤的《玉茗堂集》发表感想。由此，袁中道提出自己的诗观，他认为盛唐诗品如荔枝，但荔枝之所以鲜美，正因为初摘时核上有少许新鲜肉；现在学盛唐的人所拿出来的"荔枝"，外壳相似，核也相似，但核上的果肉却早已不新鲜了。这样的荔枝，还不如新鲜的枣子味道好。中道自嘲道，自己乃一介俗人，更愿意享受平凡的枣子。此论取喻新奇，富有见地。

寄夏道甫〔一〕

　　山中清寂，昼着夹衣〔二〕，夜盖绵被。木树较前益深，泉更响。小庵收拾已完，明窗净几，扫地焚香读书，差有李秃翁当日风味〔三〕。如此光景，岂可不使道甫见之？清秋策马一来〔四〕，同往鹿苑为妙也〔五〕，但恐有人阻游履耳〔六〕。然亦是慧心人，决可与言山水之妙者，一笑，一笑！大云缘事承周旋〔七〕，望为留神也。山中极宜大爆竹，每放一爆，则响半日始息。千万觅百十个，附大云或小价寄来〔八〕,至祷,至祷〔九〕!

注释

〔一〕夏道甫:见前《寄长孺》第二篇注。

〔二〕夹衣:有里有面的双层衣服,为春秋季节所穿着。

〔三〕李秃翁:即李贽,见前《与梅衡湘》注。

〔四〕策马:驾驭马匹。

〔五〕鹿苑:批鹿苑寺,在湖北远安,为袁中道与友人的游历地。

〔六〕游履:犹游踪。

〔七〕大云:见前《答钱受之》第一篇注。

〔八〕小价:指送信的仆人。

〔九〕至祷:表示恳切的请求或希望。

点评

此文是中道写给友人夏道甫的信札,信中他描述了自己在山林中的隐居生活:山中清冷,白天需着夹衣,夜晚需盖棉被;环境清幽,树深泉响,窗明几净;他每日扫地、焚香、读书,仿佛当年的李贽。在信札的后半段,中道向夏道辅发出清秋来游的邀请。最后,中道出其不意地提到山中适合放爆竹,托友人寄百十个大爆竹到山中。大概看经、吃斋、念佛的生活毕竟太过清寂,连中道也打熬不住了,必得寻一点欢闹以破幽寂。小札文风清新,从中可以略窥晚明士人在出世与入世之间的徘徊。

寄刘元定[一]

久不奉教[二],怀想殊深。昔时长安聚首诸公,多半鬼录[三],惟弟与兄存耳。幻泡风灯[四],真是可叹。弟入夏来玉泉[五],与无迹老人朝夕[六]。堆蓝社修葺已完[七],移居其中。响水潭亦建一圆蕉,仰看山色,俯听水声。如此受用数十年,便胜二十四考中书千倍万倍也[八]。闻东山景物甚佳,老来诸嗜灰冷,惟山水之趣,久而愈深,然我两人,不可不一合并。迹公相念甚切[九],秋来能一至山中乎?二圣寺欲塑大士壁[一〇],闻贵州有塑工甚佳,名魏跛子,今不知尚在否?烦上价一寻访之[一一],至望。

注释

〔一〕刘元定:即刘戡之,见前《刘元定》注。

〔二〕奉教:意思是接受指教。

〔三〕鬼录:旧时民间信仰中阴间死人的名簿。这里指死亡。

〔四〕幻泡风灯:幻变的泡沫和风中灯火,喻指无常之物。

〔五〕玉泉:见前《答钱受之》注。

〔六〕无迹老人：晚明僧人，余不详。

〔七〕堆蓝社：袁中道创立的文人社团，始建于万历三十九年（1611）。

〔八〕二十四考中书：指郭子仪。他任中书令时主持官吏的考绩达二十四次。事见《旧唐书》本传。这里指久任要职。

〔九〕迹公：即无迹老人。

〔一〇〕二圣寺：即湖北公安天宁寺，为东晋时期高僧慧远等建。

〔一一〕上价：同"上介"，对对方派来使者的尊称。实为对对方的尊称，犹言"阁下"。

点评

这是袁中道写给友人刘元定的书信，信中表达了对过去美好时光的怀念以及对当前生活的感慨。中道首先向刘元定诉说近来结社的情况，曾经相聚的朋友大多已去世，只有他和元定还健在，他对此感到非常悲伤。接下来，中道叙述自己夏天去往玉泉山，在响水潭边建了一座亭子，日日欣赏山色，这样的惬意生活，比做官的荣耀要珍贵得多。随后由景及人，谈到老来许多嗜好变淡，唯有山水之趣，久而弥深，希望能和友人再次相聚，共享山水之美。最后，他表达了修葺二圣寺雕塑的想法，并请求对方帮忙寻访工匠。此文当作于万历三十九年前后。

寄梅长公〔一〕

天下事不可知，先兄捐弃之后〔二〕，家严继之〔三〕。四五年后，弟便是一白发老翁，与栖隐有分〔四〕，与进取似无缘矣。然以绝意世路之故，微得些淡泊闲静消息。彼造物者，能穷我矣，然不能使我不读书，使我不看山水，使我不学道也。得其一已足消遣，况兼有之乎？居山，了不知都门消息〔五〕，不知近况若何。古梅来〔六〕，附一字，草率不既〔七〕。

注释

〔一〕梅长公：梅国祯，见前《答开府梅衡湘》注。

〔二〕捐弃：抛弃，此处指离世。

〔三〕家严：对人称自己的父亲。

〔四〕栖隐：隐居。

〔五〕都门：此指京城。

〔六〕古梅：所指不祥。

〔七〕不既：言犹未尽。为旧时信末用语。

点评

这是袁中道写给老友梅国祯的信札，在信中他诉说兄长、父亲相继离世，自己在悲伤和孤独中蹉跎岁月，也将步入老年，感慨自己功名无望，但也对可以得些闲静感到欣慰。尽管世事无常，生活充满变数，中道也仍然坚持读书，寄情山水，修习道德。他认为，即使天地命运使人困厄不得志，也不能放弃这些精神追求，文字中流露出淡泊名利的哲思。最后，袁中道又表达了对于京中近况的关切，由此可以看出他并非完全超然物外。

与雷何思〔一〕

弟闻仙踪在君章宅畔〔二〕，即欲飞渡长江，虽时方病脾，弗顾也。行至摇头铺，雨色黯黯，竟尔复返，一步一憾矣。不知寓此尚有几日，言之惘惘。若同长石居士入绣林者〔三〕，便道过柳浪〔四〕，少话亦快。弟虽病，犹能奉陪作竟夜谭也。倘此会不可得，弟病愈后同中郎作西陵游更佳。若此时会兄，弟且喜且恨：喜则以知己聚首，足快生平；恨则为二竖相牵〔五〕，诸公掀髯狂谭，而弟举止羞涩，如三日新妇，殊令豪士短气耳。

弟已戒酒矣，稍饮地黄五加皮酒〔六〕。至于欲，将永戒之。闻仁兄又纳新姬，真有力健儿，羡羡！长石居士想归时必晤，不更及。

注释

〔一〕雷何思：见前《寄长孺》注。

〔二〕君章：即罗含（292—372）。字君章。东晋桂阳耒阳（今属湖南）人。桓温镇荆州时，以其为参军，并赞其为"江左之秀"。君章宅故址在公安附近的沙市。

〔三〕长石居士：指曾长石，见前《寄长石》注。绣林：指湖北石首郊外的绣林山。

〔四〕柳浪：指公安城外的柳浪湖。袁氏兄弟曾居于此。

〔五〕二竖：指病魔。

〔六〕地黄五加皮：用地黄与五加皮浸泡的酒，中医认为性温味辛，能祛风湿、壮筋骨。

点评

这是袁中道写给友人雷何思的信札，语言简洁明快。在信中，袁中道先邀请雷何思顺道拜访自己，若不能如愿，自己就将和宏道一起去拜访对方。接下来又遥想与友人相见之场景，感到且喜且恨，喜的是知己相聚，恨的是己身之病且穷，无法如往昔般纵情欢娱。又说自己已经戒酒，在保养之中。从中可见当时士人间会友、饮酒、纳妾的风尚。袁中道意识到此风对自己身心的不良影响，故而努力调养身体，戒酒戒色。

寄祈年[一]

　　自到山中[二]，阅藏习静[三]，看山听泉，不图为乐一至于斯！已倾囊市得一峰，将于其下建庵而老焉。誓毕此生，苦心参究，了佛祖一大事因缘，决不奔波红尘，终日为人忙也。

　　汝年正少，自当向学，支持门户，使我得心安，为世外闲人，即汝至孝。吾往时所以不长往者，以汝二伯在，友于至笃，不能相舍耳。今何时也？匠人辍成风之巧[四]，伯子息流波之音[五]，立雪无影[六]，惆怅何言。惟觉青山解语，绿水知心。伊蒲可以续命[七]，贝叶可以忘年[八]。暮春三月，河渚暂归，柴车可驾，当一归来，旋即入山，不停晦朔[九]。

　　何者？吾赋性坦直，不便忍默，与世人久处，必招愆尤[一〇]。不若寂居山中，友麋鹿而侣梅鹤，此其宜居山者一也。又复操心不定，朱紫随染，近繁华即易入繁华，迩清净即易归清净，今繁华之习渐消，清净之乐方新，而青山在目，缘与心会，此其宜居山者二也。兄弟俱阐无生大法[一一]，而为世缘迫逼，不得究竟，今居山中，一意理会一大事因缘〔一二〕，必令微细流注，荡然不存，此其宜居山者三也。骨肉受命悭薄，惟尽捐嗜欲，可望延年，业缘在前，未能尽却，必居山中，乃能扫除，此其宜居山者四也。生平爱读书，但读书之趣，须成一片，俗客熟友，数来嬲扰〔一三〕，则入之不深，得趣不固，深山闭门，可逐此乐，此其宜居山者五也。

盖我之住山，乃从千思万想中得来，誓捐躯命以守此志。且凤皇不与凡鸟同群，麒麟不代凡驷伏枥。大丈夫既不能为名世硕人〔一四〕，洗荡乾坤，即当居高山之顶，目视云汉，手扪星辰。必不随群逐队，自取羞辱也。因汝可与言，故略及之。

注释

〔一〕祈年：袁祈年，见前《寄陶石篑》注。

〔二〕山：指玉泉山，见前《答钱受之》注。

〔三〕藏：佛教经典。

〔四〕辍成风之巧：典出《庄子·徐无鬼》，谓楚国工匠能挥舞斧子削去朋友鼻子上的白灰，而不伤及朋友分毫，自从朋友去世，就没有机会施展这一技能了。意谓失去知己。

〔五〕息流波之音：典出《列子·汤问》，谓俞伯牙自从知己钟子期去世后，就不再弹奏《高山流水》的琴曲了。意谓失去知己。

〔六〕立雪无影：此处反用程门立雪之典，谓没有共同向学的人。

〔七〕伊蒲：指佛教徒的素斋。

〔八〕贝叶：指佛经。

〔九〕晦朔：阴历每月初一叫朔，月末叫晦，这里指满一个月。

〔一〇〕愆尤：罪过、过失。

〔一一〕无生：佛教名词，谓没有生灭、不生不灭。

〔一二〕一大事因缘：佛学术语，谓佛陀出现于世间之唯一大目的。

〔一三〕嬲（niǎo）扰：纠缠扰乱。

〔一四〕名世硕人：在世间有名望的大人物。

点评

这封信是袁中道进入玉泉山居住后写给儿子袁祈年的，一来向儿子解释了他适宜居山的缘由，二来托付家务，文字朴素平实。

万历三十八年（1610）九月初六，袁中道仲兄袁宏道因患痢疾去世。二人既有手足之情，又志同道合。中道遭此打击，十分悲痛，不久就染病了。于是来到距家乡公安三百里许的玉泉山中，造亭筑庵居住。这样一可游览山水，排遣愁怀，以利养病；二可断绝世俗交际，清心寡欲，集中精力读书。作者在《寄孔令君》一文中，记述了这段生活经历："自到此处，仰见堆蓝之山，俯听溅珠之水，不觉骨体俱轻，神情爽豁。遂买一峰，构精庐其下，将穷三藏之秘典，发五宗之玄微，捐粱肉而餐伊蒲，舍绨锦而服芰荷，石丈竹君，梅妻鹤子，将于斯焉老矣。"这反映了作者后期的思想情绪。他厌倦了官场角逐和世俗交际，连丧二兄之后，更是决意摈弃俗务，隐居山间，研习佛法，参禅悟道，以寻求精神寄托。

又

山中度日颇快。黄太史已下世矣[一]，愈增我之道念也。从六月初一日即食素，起以山中无他物，正好食素也。我定居于此，如古陶弘景之茅山故事[二]。七月终当一归，即入山矣。汝努力作世间事，使我得安心办道，即大孝也。余不一。

注释

〔一〕黄太史：即黄慎轩，见前《答陶石篑》注。
〔二〕陶弘景：见前《答钱受之》第一篇注。

点评

这是袁中道在山中时寄给儿子祈年的简短书信，说自己尘念日少，道念愈深，打算定居山中。希望儿子好好努力，让自己可以安心隐居，便是最大的孝了。该文反映了中道中年连丧亲友后的心境。

寄六侄[一]

存亡徂迁,倏忽易岁,惟夜夜入梦,有若平生耳。海内第一知己既去,复何心世缘?玉泉清溪,山水幽绝,将有终焉之志,归期都未可定。想已入社矣,酌宽严之中以处家,酌丰俭之中以理财,寡欲养身,修名避讥,是所望也。

注释

〔一〕六侄:所指不详。

点评

这是袁中道的一封家书。中道隐居湖北玉泉山,读书参禅,以求忘掉失去"海内第一知己"仲兄宏道的悲伤。但直至给侄儿写信时,宏道仍"夜夜入梦""有若平生",醒来却了无踪迹,不胜惆怅。中道虽满心苍凉,仍念念不忘从处家、理财、修身、修名四方面对侄儿勤加叮嘱,句句为修身治家要义,殷殷真情溢于言表。尺牍简明洗练,情深感人。

寄王季木〔一〕

都门获奉教益,匆匆别去,不胜怀想。伏庇出都后,虽属深冬,了无寒气,遂得从容道上,看趵突之飞泉〔二〕,玩灵岩之秀色〔三〕,登东岳以观海日〔四〕,拜孔林〔五〕,揽峄穴〔六〕,匝月余始至河干〔七〕。客装虽贫,烟云甚富,新诗如决河放溜〔八〕,虽不中宫商〔九〕,亦一时雄快,恨不得一一缮写求教也。承命作佳诗序。他人之诗序犹可轻作,序季木之诗岂是易事?每下笔辄中止,愈求佳愈不得佳,以此尚未脱草,当于新安了之也〔一〇〕。人便寄候〔一一〕,不尽欲言。

注释

〔一〕王季木:即王象春(1578—1632)。字季木。明山东新城(今桓台)人。万历进士。曾官南京吏部考功郎。

〔二〕趵突:趵突泉,济南名胜,为泺水的源头。

〔三〕灵岩:此指山东济南城北的灵岩山,即千佛山。

〔四〕东岳:指泰山。

〔五〕孔林:孔子及其后裔的家族墓地,位于山东曲阜北。

〔六〕峄穴:峄山位于山东邹城,有奇秀的洞穴景观。

〔七〕河干：此指黄河之滨。

〔八〕决河放溜：陆上潦水注河，任船顺流自行，指势不可挡。

〔九〕不中宫商：指不合声律。

〔一〇〕新安：古地名，指徽州、严州一带，相当于现在的安徽黄山，江西婺源，浙江建德、淳安一带。

〔一一〕寄候：寄去问候。

点评

此札是袁中道寄给王象春的。信中先是话别，然后讲了自己近期行迹，并承诺为季木作的序将于新安作好。由景及事，情绪转折自然。

寄度门〔一〕

不肖幸得一第矣，护法堂桂花先开，可谓灵异矣，字之曰灵桂，而堂曰灵桂可也。虽两试皆不高，而书债已了，世局可结，想吾师亦为之忻喜耳。若不与馆选之列，则秋来必归，与吾师看山听泉之期近矣。令孙甚康泰，第后甚得其力，转觉此番偕来之有益也。不肖无心用世，有意还山，此后欲于玉泉大作功德，山中树木，嘱长老善守为望。方观政[二]，不及遍寄书。

注释

〔一〕度门：僧人，居湖北当阳玉泉山中，余不详。

〔二〕观政：明代制度，士子进士及第后并不立即授官，而是被派遣至六部九卿等衙门实习政事，这就是观政制度。此制度肇始于洪武十八年，直至明末尚存。

点评

此文当作于万历四十四年（1616），袁中道进士及第后不久，在信中，他告诉方外友人度门自己取得功名的好消息，又诉说自己无心于功名，日后想要读书看山的心愿。既苦于进取，又无心用世，这实是袁中道的内在矛盾。

又

世局初完，得还梓里，差足慰喜，想道颜亦忻然也，怀想之甚。即欲一见，但归家尚有半月应酬，月杪即当入山，决不劳道驾远出耳。令孙田事亦有次第，总在面时了之。令孙忠实而灵慧，相伴一载，纤毫无过，且有大益。故知度门儿孙未落莫也。草率不次[一]，惟台亮[二]。

注释

〔一〕不次：书信结尾用语，意谓不详说。

〔二〕台亮：书信用语，意谓请您见谅。亮，同"谅"。

点评

此札当稍晚于上一封《寄度门》，亦当作于万历四十四年（1616）前后。中道述说自己已考取功名，且即将回去见度门，同时赞美度门儿孙的忠实灵慧。小文简短平实。

寄八舅〔一〕

山中已作久住计，堆蓝亭已完，正在修理厅堂。大约山水中静坐，极清闲快乐。目下有泉田一区，四面山色包络，山之下为泉，泉之内有田，去甥所作庵不过百步，若得此，即不减辋川也。老舅无事来一游，必赏心之甚。散木来县不〔二〕？晦之作何状〔三〕？

注释

〔一〕八舅：指龚惟静（生卒年不详）。名仲安，号静亭，法号能者。

〔二〕散木：指袁氏兄弟的堂舅龚惟用。别号散木，余不详。

〔三〕晦之：指崔晦之，作者友人，余不详。

点评

　　此系袁中道寄给八舅的书信，信中描写了自己隐居之地的地理形势与自然风物，重点提及自己对百步之外泉田的向往，有着悠闲自得的情致。

又

　　自别老舅入山，无日不快。仰看堆蓝之山色，俯听跳珠之水声，神骨俱清，百病消除。寺内有旧庵基，正据山水之胜，已倾囊鬻得，旦晚市木修造，有次第矣。此去十五六里，即为青溪〔一〕，峰峦洞壑，殆非人境。到此饭伊蒲，绝嗜欲，觉得容易遣日。自信于山水有缘，联榻不寐，遂有此一番佳境界。非愚甥不能造此思路，非老舅不能赏鉴也。已矣，已矣，胸次舒泰，耳目清净，岂非福耶！二三月内，此中山色泉声，更当十倍。老舅如有山行之兴，当扫乳窟以待〔二〕。

注释

　　〔一〕青溪：水名，在湖北当阳玉泉山附近。

〔二〕乳窟：多钟乳石的洞窟。

点评

袁中道为文力求摆脱古文格套，追求清新自由。此信作于他在玉泉山读书休养时，主要谈其山居感受，空灵轻巧，韵味隽永，描述中的山居生活令人神往。

又

入山未得诣别，甚念念。山中清寂，甚与懒拙之人相宜。小庵已毕功，清秋当迎道驾，少玩数日也。黄慎轩遂已弃世间〔一〕，使甥道念转深。哲人既萎，流波空引〔二〕，奈何，奈何！大云事体稍有次第〔三〕，望老舅大力提挈一二。当此多事之时，岂可辄云捐财，但委曲推广，稍加盼睐，则为德大矣。

注释

〔一〕黄慎轩：见前《答陶石篑》注。

〔二〕流波空引：空弹《高山流水》的琴曲，谓知音已失。典出《列子·汤问》。

〔三〕大云：见前《答钱受之》第一篇注。

点评

此札是小修写给老舅的家书,一是邀请老舅来游赏,二是感慨黄太史的离世,三是交代友人大云的事情,行文简短清晰。

寄曹大参尊生〔一〕

自章台寺别后〔二〕,不旬日间〔三〕,遂有家大人之变,不肖五内崩折〔四〕。功名之失得不足论,身世之凄凉大可悼也。乃六月中,又闻黄平倩先生之讣〔五〕。不肖与两先兄及陶、黄二先生〔六〕,为兄弟中之朋友,为朋友中之兄弟,今皆先我而去,如何为怀!

不肖与先生,二十年前,长安灯市一交臂而失之,晤别后依依不能相舍,岂非声气应求〔七〕,有出寻常交情之外者耶!已拚一麻一米〔八〕,作世外人,闻亦有卜筑匡庐之兴〔九〕,果尔,他年相依而老,亦一快也。明年亦欲东游,将尽收东南之胜,晤期尚未卜何日。少年勉作词赋,至于作诗,颇厌世人套语,极力变化,然其病多伤率易,全无含蓄。盖天下事,未有不贵蕴藉者,词意一时俱尽,虽工不贵也。近日始细读盛唐人诗,稍悟古人盐味胶青之妙〔一〇〕,然求一二语合者,终无有也,此亦气运才力所限。今以近作数十首求教，幸细为批斥，如何？久不作应酬诗，惟山水之间，可以发人清远之韵者，稍稍点缀数语。此后亦欲定交木上座〔一一〕，掷却管城公矣〔一二〕。先生诗清灵俊逸，实中心佩服，然此外亦别有事在，不欲先生役精神为之也。都下士有可与论学者否？

注释

〔一〕曹尊生：即曹学佺（1573—1646）。字能始，号尊生。福建侯官人。万历二十三年（1595）进士。官至礼部尚书。南明隆武政权亡后自缢死。著有《石仓诗稿》。

〔二〕章台寺：以春秋时楚国章台命名的寺，在今湖北江陵，元朝泰定年间（1323—1328）建。

〔三〕旬日：十天，指较短的时日。

〔四〕五内：五脏，这里指内心。

〔五〕黄平倩：即黄慎轩，见前《答陶石篑》注。

〔六〕陶：指陶望龄，见《答陶石篑》注。

〔七〕声气应求：谓性情相互投合。《易·乾卦》："同声相应，同气相求。"

〔八〕一麻一米：指简陋的食物。

〔九〕匡庐：指庐山。

〔一〇〕盐味胶青：水中盐味，色里胶青，谓虽发挥作用，却不着痕迹。典出宋释正觉《偈颂》。

〔一一〕木上座：指手杖。

〔一二〕管城公：指毛笔，典出唐韩愈《毛颖传》。

点评

本札分四层意思：第一层是感慨人事代谢，第二层是追叙自己与对方的交情，第三层是指出近世诗人创作中的弊病，第四层是称赞对方的诗作。"盖天下事，未有不贵蕴藉者"，"近日始细读盛唐人诗，稍悟古人盐味胶青之妙"，这些评价犀利准确，从中可以窥见袁中道有引领一时诗风的担当。

寄龙君御〔一〕

仁兄过襄中时〔二〕，正弟登太和时也〔三〕。返襄中，王孝廉道及踪迹并近沉〔四〕，甚悔相失。及入郢，则傅叔睿致盛觊并佳诗〔五〕。归家又见吊唁诸赐，情文蔼如。故人用情，何其重迭也。弟自太和归来，即感时疟〔六〕，调养至残腊，始离药饵，以此甚阙修候〔七〕。闻近来持《金刚经》，且深悟禅理，此是千古英雄归根一着子〔八〕。不然，即功高天下，名震一世，终归堕落。大慧云："但热恼逼时，朗诵《金刚》六如偈语，便是一贴清凉散也。"况深入之者乎！入悟之法，大略具大慧、中峰二语录中[九]。若不于无义语中[一〇]，逼拶一番[一一]，只成文字依通[一二]，非到家消息也[一三]。弟家居辍远游，不知何日相晤，言之惘惘。

注释

〔一〕龙君御：指龙膺（1560—？）。字君御，一字君美。明湖广武陵（今湖南常德）人。万历八年（1580）进士。官至甘肃兵备道。

〔二〕襄中：今湖北襄阳。

〔三〕太和：山名，即武当山，在今湖北十堰一带。《珂雪斋集》中有《游太和记》等。

〔四〕王孝廉：所指不详。

〔五〕傅叔睿：作者友人，居江陵沙市，余未详。

〔六〕时疟：一种时发冷时发烧的急性传染病。

〔七〕修候：写信问候。

〔八〕归根一着子：最根本的一步。

〔九〕大慧：见前《答陶石篑》注。中峰：即明本（1263—1323）。号中峰，俗姓孙。浙江钱塘（今杭州）人。晚明名僧，曾主天目山中峰狮子院，称中峰和尚。

〔一〇〕无义语：见前《答开府梅衡湘》注。

〔一一〕逼拶（zǎn）：逼迫。

〔一二〕依通：通顺。

〔一三〕到家消息：揭示根本的言语或信号。

点评

本札分三层意思：第一层是感念故人用情之深；第二层是叙自己归家之后，调养病体，所以没能及时写信表达思念。第三层是论参禅，听说对方今年由持诵《金刚经》深悟禅理，深感欣羡，并期盼与之晤谈。

答王章甫〔一〕

前有汉上人至，不得兄踪迹，或云庐阜，或云君山，得手书始悉近况。弟今年自春至秋，一病几殆。九月中遭先君子襄事〔二〕，委顿已极〔三〕，奄奄待尽。至十月末，始渐平复。今仗大庇，已还故吾矣。承谕病根在于诗文〔四〕，敢不佩服良箴，但弟之病，实由少年谭无忌惮学问〔五〕，纵酒迷花所致，年来血气渐衰，有触即发，兼之屡遭失意，中外多怦心之境，知己骨肉，一朝永别，以此成一郁病，不尽由诗文也。弟自己酉、庚戌以后，作诗不过数百首，亦不为多。游历之暇，时复借之以描写烟云，抒己胸臆，岂真为千秋名哉！然此后亦欲想念清泰，令其相续不绝，虽不敢自谓焚弃笔砚，亦必不多作也。

弟此一病,实我导师。当困苦时,落汤螃蟹、投火飞蛾之境〔六〕,亲尝之矣。无病时,奔逸前境,所谓虚闲凝定者何在?一旦眼光落地,手忙脚乱,自然之理。盖十二时中〔七〕,无论微细流注,即五欲尘劳〔八〕、无明烦火〔九〕、游戏诸根〔一〇〕,步步不离。此为业鬼借宅〔一一〕,舍身受身〔一二〕,宁有善趣?虽欲不恐怖,不可得也。弟此回真惺觉矣〔一三〕!近日依宝方〔一四〕,接众丛林〔一五〕,随众吃饭,作少许有为功德,调方上老病〔一六〕,尽心尽力以为常。生平所爱者山水,今亦谢却,以费驱驰也。惟有一日光阴,即办一日资粮,念念如救头燃〔一七〕。穷通得失〔一八〕,一切听之。混俗和光〔一九〕,潜修密证〔二〇〕。亦何必独立孤峰,目视云汉〔二一〕,而后为出世丈夫也哉?每梦与兄同在场屋〔二二〕,今年其必捷乎?若得一第,了却书债,来共修此等大事,真非常之幸也!闻婚嫁事渐了,亦快人。北行实在何时?

新刻诗二卷,附寄览。此集共十余卷,今尚在校刻。承兄见教,弟已不多把笔,然前此诸作,是敝履遗簪〔二三〕,不忍弃去,不得已典衣市宅,寿之于梓。杂著中,颇有发千古所未发者。六月中可毕功,当附便羽寄入京华也〔二四〕。此外又有《素史》二册〔二五〕，极可观。家居无友，衲子则有宝方，修真实行〔二六〕；居士则有王以明〔二七〕，深谭名理〔二八〕，频频聚首。苏云浦住居稍远〔二九〕，亦未得数见。家舅龚静亭亦下世矣〔三〇〕，可怜可怜！幸有遗孤，书香不坠。天寒，草率不成字，幸谅。

注释

〔一〕王章甫：即王穆（生卒年不详）。字章甫，又字子静。明湖广汉阳（今湖北武汉）人。作者友人，余不详。

〔二〕襄事：见前《答陈布政志寰》注。

〔三〕委顿：疲乏、没有精神。

〔四〕承谕：承您告知。为书信中的谦词。

〔五〕无忌惮：没有顾忌和畏惧。

〔六〕落汤螃蟹、投火飞蛾：落在热水里的螃蟹、扑火的飞蛾。形容困境和险境。

〔七〕十二时：见前《寄中郎》注。

〔八〕五欲尘劳：佛教语，指在日常修道时所遇到的考验。五欲指财、色、名、食、睡等五种欲望，六尘指色、声、香、味、触、法等六种境界。

〔九〕无明烦火：佛教语，指由于心性迷失而莫名生出的烦恼。

〔一〇〕游戏诸根：佛教语。游戏，指在人的意识里游来游去，逢着机会就生出。诸根，指六根，也即眼、耳、鼻、舌、身、意。

〔一一〕业鬼借宅：冤鬼借人的房子。意为被烦恼缠绕。

〔一二〕舍身受身：受身就是生，舍身就是死。指生死轮回。

〔一三〕惺觉：觉醒。

〔一四〕宝方：对寺院的美称。

〔一五〕丛林：指僧人聚居之处，寺庙。

〔一六〕方上：人体部位名，指鼻尖两侧的鼻翼部，中医认为此处可以作为诊察胃病的参考。

〔一七〕头燃：谓头发为火所燃，比喻事情之急迫。

〔一八〕穷通得失：遭遇的坎坷与顺利、利益的得与失。

〔一九〕混俗和光：与世俗混同，混合各种光彩。指不露锋芒、与世无争。

〔二〇〕潜修密证：专心修养、暗暗修证。

〔二一〕云汉：银河。

〔二二〕场屋：见前《答陶石篑》注。

〔二三〕敝履遗簪：破旧的鞋、失落的簪子，指自己的东西虽然没有价值，但自己依然看重。

〔二四〕便羽：指托便人带的书信。

〔二五〕《素史》：所指不详。

〔二六〕真实行：佛教十行之一，指言行相顺。

〔二七〕王以明：即王辂（生卒年不详）。字以明。明湖广公安(今属湖北)人。袁宏道举业师。有《竹林集》。

〔二八〕名理:名称与道理,犹言是非与同异。

〔二九〕苏云浦:见前《答苏云浦》注。

〔三〇〕龚静亭:见前《寄八舅》注。

点评

此札作于袁中道中举之前,讲了三层意思:其一是对自己病根的剖析,是痛心于亲人去世,亦是懊悔于耗费太多的心力于诗文花酒。其二是说这场病对自己有启发作用:当病痛来临时,如同落在热水里的螃蟹、扑向火焰的飞蛾;而没有病的时候,人们又忙碌着追逐前途。那么,什么时候才可以"虚闲凝定"呢?这是实实在在的自我反思。其三是谈论自己的书稿,自矜于"有发千古所未发者"。由此可见袁中道在功名与隐逸之间的彷徨。

寄石洋〔一〕

去岁闻仙踪欲入住匡庐,前得书始知家居,且喜道履清泰〔二〕,喜慰,喜慰!家中虽尘缘未易摆落,然种花习静,闭门即是深山,亦自快人。况有佳儿可教,尤是人生乐事。弟世局粗完,候考秘书〔三〕,尚未得旨。若不得,九月即南归矣。明春将取道汉上,游匡庐、九华，从山东入都，兄幸于桃花开时待我，或同一游匡山亦妙，至期当相闻也。

弟选应作令，今当改教。年已望五，浮沉郎署间以老足矣〔四〕，无显贵人之想也。非仕非隐之间，可以闲却意根〔五〕，究性命事〔六〕，便为大乐。弟于杯勺粉黛已无缘矣〔七〕，非心能了之，力不能也，自不敢作少年调度。仁兄知之者，为我关心耳。前饷茶已领讫〔八〕。朱卷二册奉览〔九〕，并呈令郎。草率不尽欲言，容嗣致。

注释

〔一〕石洋：指王石洋（生卒年不详）。作者友人，明湖广洪湖（今属湖北）人，余不详。

〔二〕道履清泰：有道者，清静平安，为书信中的祝福语。

〔三〕秘书：秘书省，古代称掌管文书之官署，明代并入翰林院。这里指翰林院。

〔四〕郎署：称朝廷各部衙门司官以下的属官。

〔五〕意根：佛教语，为六根中的第六根，谓对于法境而生意识。

〔六〕性命：中国古代哲学范畴，指万物的天赋和禀受。

〔七〕杯勺粉黛：借指饮酒和女色。

〔八〕领讫：领完。

〔九〕朱卷：明清科举制度，乡、会试卷考生用墨笔书写叫墨卷；然后由专门誊录的人用朱笔誊写，不书姓名，只编号码，使阅卷者不能辨认笔迹，叫做朱卷。发榜后朱卷发还考生。

点评

此札作于袁中道中进士之后，他向友人叙述自己已了却人生一大心愿，后欲究心性命之事。同时中道感慨自己力不能胜杯勺粉黛之事，却又点出"非心能了之"。由此，一可见中道的诚挚，二可见中道的病症之源。